Arnold Spina

Ueber Resorption und Secretion

Arnold Spina

Ueber Resorption und Secretion

ISBN/EAN: 9783744627665

Hergestellt in Europa, USA, Kanada, Australien, Japan

Cover: Foto ©berggeist007 / pixelio.de

Weitere Bücher finden Sie auf **www.hansebooks.com**

ÜBER

RESORPTION UND SECRETION

VON

DR. ARNOLD SPINA

ASSISTENTEN AM INSTITUT DES HERRN PROF. STRICKER IN WIEN.

————•—◄—►—•————

LEIPZIG

VERLAG VON WILHELM ENGELMANN

1882.

A. Resorption.

A. Resorption.

I. Geschichte der Resorptionslehre.

Vor der Entdeckung der Lymphgefässe glaubte man, dass die Nahrungssäfte sowohl wie die Körpersäfte unmittelbar in die Blutgefässe eindringen.

Das Eindringen der ersteren wurde eine Zeit hindurch als Absorption, das der letzteren als Resorption bezeichnet.

Die Entdeckung der Chylusgefässe durch Caspar Asellius (1622), des Ductus thoracicus durch Pecquet (1647) und der Lymphgefässe durch Rudbeck (1651) [1]) hat dazu geführt, diese Auffassung zu verlassen. Denn man war jetzt mit einem neuen System von Röhren bekannt geworden, von welchem man zufolge seiner Einmündung in die Blutbahn annehmen konnte, dass es in einer innigen Beziehung zur Resorption stehe.

Nachdem vollends Assalini die Erfahrung gemacht hatte, dass in Leichen von icterischen Menschen der Inhalt dieses Röhrensystems gelblich gefärbt ist, wusste man jetzt mit voller Sicherheit, dass die im Körper vorhandenen Säfte nicht von den Blutgefässen, sondern von den Lymphgefässen aufgesogen — resorbirt werden.

Da Caspar Asellius überdies die Entdeckung gemacht hatte, dass die Chylusgefässe während der Verdauung mit einer Flüssigkeit erfüllt sind, musste man sich auch in Betreff dieser Gefässe der Meinung hingeben, dass sie, gleichwie die Lymphgefässe, zur Aufnahme von Säften dienen. Weil es sich aber hier um die Aufnahme von Nahrungssäften handelte, so bezeichnete man diese Art von Aufsaugung als Absorption.

---

1) Über die Entdeckung des Lymphsystems von W. His. Zeitschr. f. Anat. und Entwicklungsgeschichte. I. Bd. 1876.

Spina, Resorption und Secretion.

Unter »Aufsaugung« stellte man sich keineswegs einen auf physikalischen Gesetzen beruhenden Vorgang vor. Man erblickte in ihr die
Leistung einer besonderen, nur den Lymph- und Chylusgefässen zukom-
menden Lebenskraft. Dieser eigenthümlichen Kraft wurden aber ausser
der Aufsaugung noch andere Verrichtungen zugeschrieben.

In den biologischen Doctrinen wurde damals noch die Meinung vertreten, dass die Gesetze des Lebens der organisirten Materie von denen
der unorganisirten durchaus verschieden seien, und dass das »Leben«
nichts anderes bedeute, als das Unabhängigsein von physikalischen Gesetzen. Im Sinne dieser Lehre und von der Erfahrung geleitet, dass bei
der Resorption im Darmkanale nur jene Bestandtheile der genossenen
Nahrung von den Chylusgefässen aufgenommen werden, welche dem Organismus zuträglich sind, die schädlichen aber aus dem Körper entfernt werden, schrieb man den Chylus- und Lymphgefässen das Vermögen zu,
zwischen »Gutem und Bösem« zu unterscheiden.

Dies war der Stand der Frage bis zum Jahre 1673, von welchem Zeit-
punkte an man in dieser Sache das Experiment zu befragen anfing.

Der erste Experimentator auf dem Gebiete der Resorptionslehre war
meines Wissens Martin Lister [1]. Lister injicirte in den Magen eines
Hundes Indigo und fand, dass dasselbe nach einiger Zeit in die Chylusgefässe des Darmes gelange. Lister hat somit die Vermuthung, dass
Flüssigkeiten aus dem Darme in die Chylusgefässe eintreten, zu dem Range
einer Thatsache erhoben.

Mit Lister's Experiment war aber ausserdem ein Ausgangspunkt für
eine ganze Reihe von anatomischen Untersuchungen der Darmschleimhaut
gegeben. So entdeckte Brunn [2] die Zotten des Dünndarms und erkannte,
dass dieselben bald prall gefüllt, bald collabirt gefunden werden. Helve-
tius [3] beschrieb ihr schwammiges Gefüge. Er betonte das Prominiren
der Zotten in die Lichtung des Darmes und erblickte darin eine Einrichtung, welche eine raschere Durchtränkung der Zotten mit Nahrungssaft
ermögliche.

Inzwischen hatte man angefangen, durch Eintreiben von Injectionsmassen und Luft in die Lymphgefässe den Verlauf derselben näher zu
studiren. Da berichtete Nuck [4] im Jahre 1691, dass die Lymphgefässe
von den Blutgefässen aus injicirt werden können, und knüpfte daran die
Schlussfolgerung, dass die Lymphgefässe kein isolirtes Röhrensystem
darstellen, sondern direct mit den Blutgefässen in Verbindung stehen.

---

1) Citirt nach Erdmann's Beobacht. über die Resorptionswege. Inaug.-Dissert.
Dorpat 1867.
2) Glandulae duodeni 1687.
3) Observ. sur la Membr. interne des intest. Hist. de l'acad. roy. 1721. Paris.
4) Adenographia curiosa. Leidae 1691.

Als zu diesem anatomischen Funde noch ausserdem die Erfahrung hinzukam, dass die Lymphe gleichwie das Blut gerinnbar sei, und dass sich die Lymphe nur durch den Mangel der rothen Blutkörperchen vom Blute unterscheide, gewann die Annahme eines Zusammenhanges zwischen Blut- und Lymphgefässsystem immer mehr an Geltung. Für vollends erwiesen hielt man diese Vermuthung, als man bei Untersuchungen des Kreislaufes an lebenden Fröschen gesehen hatte, dass in einzelnen Gefässen nur Plasma, also Blut ohne Blutkörperchen circulire.

Nun stellte man sich das Verhältniss des Lymphgefässsystems zum Blutgefässsysteme, wie folgt, vor. Aus den blutführenden Capillaren entspringen Gefässzweigchen von solcher Enge, dass nur das Plasma des Blutes, nicht aber die Blutkörperchen in dieselben einströmen können. Man hielt diese Gefässe für capillare Lymphgefässe, ihren Inhalt für Lymphe und nannte sie Vasa serosa.

Die Lymphe war dieser Theorie zufolge nichts anderes als abgeseihtes Blutplasma. Aus den serösen Gefässen — lehrte man des Weiteren — gelange die Lymphe durch die Triebkraft des Herzens in die stärkeren Lymphgefässe und aus diesen in den Blutkreislauf zurück.

Eine mächtige Stütze verliehen dieser Theorie die Untersuchungen J. N. Lieberkühn's [1]) über die Resorption im Darme. Lieberkühn zeigte, dass die Chylusgefässe in die Zotten eindringen und dass sie analog den Lymphgefässen von den Blutgefässen aus injicirt werden können, dass somit auch die Chylusgefässe mit den Blutgefässen in Communication stehen müssen. Lieberkühn zeigte des Weiteren, dass die Zotten von einem Häutchen bekleidet werden, welches stellenweise von kleinen Öffnungen durchbohrt sei.

Auf Grundlage dieser Beobachtungen formulirte Lieberkühn eine Resorptionshypothese, welche, wie folgt, lautete: Durch die Peristaltik des Darmes werden die zu resorbirenden Stoffe durch die Öffnungen des Zottenhäutchens in die Zotten gepresst, gelangen vorerst in die Blutgefässe und aus diesen in die Cylusgefässe. In dieser Fassung wurde die Hypothese allerorts acceptirt und sie behauptete nahezu durch ein Jahrhundert ihre Herrschaft.

Unangefochten blieb aber diese Lehre nicht. Dreizehn Jahre nach der Veröffentlichung der Untersuchungen Lieberkühn's bestritt A. Monro [2]) den Zusammenhang der Lymph- und Cylusgefässe mit Blutgefässen. Er erklärte, dass bei Injectionen in die Blutgefässe die Wände derselben reissen, und die Injectionsmasse gewaltsam in die Lymphgefässe gepresst werde.

---

1) Dissert. de fabrica et actione villor. 1760.
2) De venis lymph. Berolini 1757.

Die von Monro erhobenen Einwände fanden wenig Berücksichtigung. Nur W. Hunter, Cruikshank und Mascagni schlossen sich
Monro an[1]).

Diese Forscher stellten eine neue Hypothese auf, zu deren Begründung
Mascagni[2]) das gewichtigste Material aufgebracht hat. Mascagni fand
eine neue Injectionsmethode. Er injicirte in die serösen Höhlen mensch-
licher, noch lebenswarmer Leichen ein Gemisch von Tinte und Wasser
und machte auf diese Weise in den serösen Häuten ein feines Netz von mit
Tinte erfüllten Lymphgefässen sichtbar. Mascagni deutete diese Anfüllung dahin, dass er erklärte, der Farbstoff müsse direct, ohne Blutgefässe
passirt zu haben, durch kleine Öffnungen in der Wand der serösen Höhle
in die Lymphgefässe gerathen sein, und dies müsse, folgerte er weiter, ohne
Zuthun des Kreislaufes erfolgt sein, da die Injectionen an Leichen vorgenommen worden sind.

Aus diesen Beobachtungen und aus den früher mitgetheilten Untersuchungen Monro's entwickelte sich nun die folgende Lehre: Die
Lymph- und Cylusgefässe entspringen nicht aus dem Blutgefässsystem, sondern sie beginnen mit feinen Öffnungen in den Höhlen des thierischen
Körpers. —

Der Nachweis von feinen Öffnungen, durch welche die Säfte in die
Lymphgefässe eintreten sollten, wurde aber nicht geliefert. Nur an der
Oberfläche von Zotten will Cruikshank wie Lieberkühn kleine Öffnungen gesehen haben. Aber das, was diese Autoren für Poren erklärt
haben, waren keineswegs normale Öffnungen.

Es kann keinem Zweifel unterliegen, dass der von Lieberkühn beschriebene Zottenüberzug dem später entdeckten epithelialen Überzug entspricht. Die Löcher in demselben aber, die Lieberkühn für Eingangs-
pforten der Nährsäfte gehalten, waren künstliche Erzeugnisse, es waren
Lücken, die sich durch das Ausfallen einzelner Epithelzellen gebildet
hatten.

Cruikshank ist hinwieder in einen anderen Fehler verfallen. Er
hat an der Oberfläche der Zotten keine Löcher, sondern die Kerne der Epithelzellen gesehen und diese als Poren angesprochen.

Wenngleich die von Monro, Mascagni, Hunter und Cruikshank vertretene Lehre durch vortreffliche Argumente gestützt war, so
vermochte sie doch nicht sich Geltung zu verschaffen. Die Gründe hiefür
waren darin gelegen, dass diese Lehre einerseits die Fortbewegung der
Lymphe in den Gefässen nicht zu erklären vermochte, andererseits darin,

---

1) Will. Cruikshank's und Paul Mascagni's Geschichte und Beschreibung
der einsaugenden Gefässe. Übersetzt von Chr. Fr. Ludwig. Leipzig 1789.
2) Ebendaselbst.

dass sowohl die Versuche Mascagni's wie die Injectionen Monro's nur wenigen Nacharbeitern gelangen. War es ja doch viel leichter, bei Injectionen Extravasate zu erzeugen, als sie zu vermeiden.

Im Jahre 1800 trat Rudolphi[1]) gegen die Lehre von dem Unterscheidungsvermögen der Lymphgefässe für böse und gute Säfte auf und erklärte die Resorption für einen Vorgang der Imbibition. Er fand aber wenig Anklang, da nach der Publication seiner Untersuchungen durch eine Reihe von Experimenten gezeigt wurde, dass die Chylusgefässe keine Gifte aufnehmen und daher ein Unterscheidungsvermögen besitzen müssen.

So zeigte Emmert[2]), dass, wenn man Thieren die Aorta abdominalis unterbindet, und dann in eine künstlich gemachte Wunde des Oberschenkels Blausäure bringt, alle Vergiftungserscheinungen ausblieben, trotzdem die Lymphgefässe intact geblieben sind.

Ähnliche Versuche mit demselben Resultate wurden von Schnell[3]) mit Upas Antiarum und von Schnabel[4]) mit Veratrum album und Helleborus niger angestellt. Ferner injicirten Tiedemann und Gmelin[5]), wie dies Lister gethan, Farbstoffe und riechende Substanzen in den Magen von Thieren und fanden, dass sowohl die Farbstoffe, als auch die Riechstoffe in die Blutgefässe, nicht aber in die Chylusgefässe eindringen. Die Galle hingegen wird von den Lymphgefässen, wie die Gelbfärbung der Lymphe im Ductus thoracicus nach künstlicher Unterbindung der Gallenwege lehrt, begierig aufgenommen.

Die Lymphgefässe nehmen, so folgerte man, keine Gifte, wohl aber die zur Erhaltung des Lebens nothwendigen Nährstoffe und solche Körpersäfte auf, welche als dem Organismus schädlich aus diesem entfernt werden müssen. Die Lymphgefässe müssen demnach ein Unterscheidungsvermögen besitzen.

Die bis jetzt angeführten Untersuchungen waren wohl geeignet, einiges Licht auf den Resorptionsapparat des Darmes und der serösen Höhlen zu werfen. Über die Resorptionsvorrichtungen im Inneren der Gewebe aber war so gut wie Nichts bekannt. Erst die Untersuchungen Fohmann's im Jahre 1822 brachten auch über diesen Theil der Resorptionslehre einigen Aufschluss.

Fohmann[6]) ist der Erfinder der parenchymatösen Injectionen. Er

---

1) Einige Beobacht. über Darmzotten. Reil's Arch. Bd. IV. 1800 und Anatom.-physiol. Abhandl. Berlin 1802.

2) Meckel's Archiv. 1815.

3) Historia veneni upas antiarum. 1815.

4) De effectibus veneni radicum veratri albi. 1817.

5) Versuche über die Wege, auf welchen Substanzen aus dem Magen und Darmkanal in das Blut gelangen. Heidelberg 1820.

6) Anatom. Unters. über die Verbindungen der Saugadern. Heidelberg 1822.

stellte durch Eintreibung von Quecksilber in die verschiedenen Gewebe ein
ungemein dichtes und zartes Netz von anastomosirenden Canälen dar.

Dass das von F o h m a n n dargestellte Röhrensystem ein Lymphsystem
sei, darüber herrschte nur eine Stimme. Man discutirte nur, ob diese Röhren mit den Blutgefässcapillaren im Zusammenhange stehen oder nicht. Da
die Präparate F o h m a n n's des Weiteren das Netz in einer solchen Dichtig-
keit zeigten, dass das injicirte Gewebe nahezu nur aus demselben zu bestehen schien, wurde von vielen Seiten die Ansicht vorgetragen, dass der
thierische Körper zum grössten Theile aus Lymphgefässen bestehe, zwischen
welchen die verschiedenen Gewebe, zu zarten Strängen geformt, eingelagert seien, und man gab sich der Meinung hin, das fast allen Körper-
theilen zukommende Resorptionsvermögen erklären zu können.

Dass durch Injectionen in die Gewebe künstliche Wege geschaffen
werden können, wurde von keiner Seite ernstlich erwogen, wiewohl, wie
oben angegeben wurde, schon M o n r o die grösste Vorsicht bei der Beur-
theilung von Injectionspräparaten empfohlen hatte. Und ich will hier beiläufig bemerken, dass die parenchymatöse Injection nicht selten noch in
gegenwärtiger Zeit ohne Rücksichtnahme auf die von M o n r o angegebenen
Cautelen gehandhabt wird.

Ein grosser Fortschritt in der Resorptionslehre knüpft sich an die
Untersuchungen S c h r e g e r's [1]) und M o j o n's [2]), der beiden Entdecker der
Contractilität der Lymphgefässe. Diese Forscher machten die Beobachtung,
dass die Lymphgefässe zuweilen plötzlich unter den Augen des Beobachters
dünn werden und ihren Inhalt entleeren.

Durch diese Beobachtung wurde man mit einer neuen Triebkraft für die
Lymphe bekannt. Man hatte bis jetzt angenommen, dass das Fliessen der
Lymphe von dem fortgepflanzten Herzdrucke bedingt werde. Nun hatte
man erfahren, dass die Lymphgefässe selbst es sind, welche durch Verengerung ihres Lumens die Lymphe weiter treiben.

Diese Erfahrungen haben der Hypothese von der Existenz der Vasa
serosa jede Berechtigung genommen. Die Annahme, dass die Vasa serosa
Seitenzweige der Blutgefässcapillaren seien, hatte sich ja vorzugsweise aus
dem Grunde Geltung verschafft, weil sie das Strömen der Lymphe auf eine
ungezwungene Weise (durch fortgepflanzten Herzdruck nämlich) zu erklären vermochte. Diese Erklärung erwies sich jetzt als entbehrlich, und
man fing an, die zweite Hypothese, zufolge welcher die Lymphgefässe ein
von den Blutgefässen vollständig getrenntes Röhrensystem bilden sollten,
ernstlich zu discutiren. Eine Berechtigung hierzu glaubte man überdies in
den Angaben J o h a n n e s M ü l l e r's gefunden zu haben, dass das Lymph-

1) De irritatione var. lymph. Lips. 1789.
2) Annal. des sc. nat. 2e sér. II.

gefässsystem niedrig organisirter Wirbelthiere sogar seine besonderen Herzen, die sogenannten Lymphherzen besitze.

Die Entdeckung der Contractilität der Lymphgefässe führte aber noch zu anderen Consequenzen.

Hatte man einmal erkannt, dass die Contraction der Saugadern Lymphe forttreibt, so musste man in weiterer Folge auch annehmen, dass die Erweiterung des Lymphrohres Flüssigkeit ansaugen müsse, dass demgemäss die Resorption vielleicht gar nicht der Effect einer unbekannten Lebenskraft, sondern das Ergebniss eines einfachen mechanischen Vorganges sei.

Durch diese Auffassung wurde einer nüchternen Beobachtung der Weg eröffnet, und man fing an, auch das Unterscheidungsvermögen der Lymphgefässe in Zweifel zu ziehen.

Der eifrigste Bekämpfer der Lehre von besonderen Lebenskräften war M a g e n d i e[1]). Er zeigte, dass man die Resorptionsvorgänge durch Imbibition zwanglos erklären könne. Er bestrich Blutgefässe lebender Thiere mit Lösungen verschiedener Gifte und brachte dadurch Vergiftungserscheinungen hervor. Es muss — folgerte er — das Gift durch die Gefässwand hindurch in den Blutstrom gerathen sein. Er stellte analoge Versuche an ausgeschnittenen Gefässen an und konnte gleichfalls ein Eindringen der auf die Oberfläche des Gefässes gebrachten Substanzen in das Lumen der Gefässe nachweisen. Damit glaubte M a g e n d i e den Imbibitionsvorgang erwiesen zu haben.

An M a g e n d i e schlossen sich nahezu alle Physiologen an. An die Möglichkeit, dass trotz der gleichen Resultate, welche die Versuche an lebenden und todten Gefässen ergaben, die lebende Gefässwand sich dennoch anders verhalten könne, als die todte, darüber sprachen sich weder M a g e n d i e noch seine Anhänger aus.

M a g e n d i e berief sich ferner auf einen Sectionsbefund eines Hingerichteten, welcher vor der Justification gefärbte Flüssigkeit (Rothwein) genossen hatte. Der Magen und der Darm erwies sich von der genossenen Flüssigkeit derart gefärbt und durchtränkt, wie wenn der Magen in jene Flüssigkeit getaucht worden wäre. Damit glaubte er auch für die Darmresorption einen Imbibitionsvorgang in vivo erwiesen zu haben.

Die Versuche M a g e n d i e's bezogen sich n u r auf die Resorption von flüssigen Substanzen; dennoch aber wurde auch für die Resorption der ungelösten Körper eine besondere Hypothese aufgestellt. Gelöste Körper, sagte man, gelangen durch Imbibition in die Blut- und Lymphgefässe, ungelöste werden aber durch die Druckkraft der Darmmusculatur in die Gefässe gepresst.

---

1) Précis élementaire de Phys. Tom. II. Paris 1825, und M a g e n d i e's Vorlesungen über organische Physik. Deutsch von B e h r e n d. 1836.

Eine neue Epoche in der Lehre von der Resorption wurde durch die Entdeckung der Epithelzellen des Darmes eingeleitet.

Es kann nicht bezweifelt werden, dass Leeuwenhoek die Epithelzellen zuerst gesehen hat.[1]) Er hielt sie jedoch für Muskelfasern und die Interstitien zwischen ihnen für ein Gefässnetz. Diese eigenthümliche Auslegung scheint es bewirkt zu haben, dass Leeuwenhoek's Fund vollständig vergessen wurde. Später berichtete, wie ich schon angegeben habe, Lieberkühn[2]), dass die Zotten von einem zarten, abziehbaren Häutchen überkleidet werden, und Döllinger[3]) zeigte, dass dieses Häutchen die Zotten allseitig wie der Handschuh die Finger umfasse. Aber auch diesen Angaben wurde wenig Gewicht beigelegt, zumal da Johannes Müller[4]) diese Häutchen auf Grund mikroskopischer Untersuchungen für Schleim erklärt hatte.

Bald darauf sind die Cylinderzellen neuerdings von Treviranus[5]) gesehen worden. Er beschrieb sie aber für die Anfangsorgane der Chylusgefässe und deutete den Kern in denselben, gleich Cruikshank, für eine Öffnung, durch welche die Nährstoffe in die Chylusgefässe eindringen.

Erst Henle[6]) stellte im Jahre 1837 das Vorkommen von Cylinderzellen im Darme fest. Er entdeckte die Cylinderzellen zuerst im Inhalte der Gallenblase. Entsprechend der damaligen Vorstellung über die histiologische Zusammensetzung des Schleimes, der wie das Blut aus zelligen Elementen und einer Flüssigkeit bestehen sollte, hielt er die Cylinderzellen für wesentliche Bestandtheile des von der Gallenblase secernirten Schleimes. Als constante Formelemente eines Gewebes hatte er die Zellen erst bei der Untersuchung von Zotten des Dünndarmes erkannt. Henle präparirte den Überzug von den Zotten ab, schlug ihn in eine Falte und demonstrirte auf diese Weise sowohl Längs- wie Flächenbilder der Cylinderzellen.

Henle gab ferner an, dass die Zellen von einer Kittsubstanz zusammengehalten werden und demgemäss eine continuirliche Haut ohne jedwede Lücken bilden. Es seien somit die Chylusgefässe vom Darmlumen vollständig geschieden. Ja Henle hat direct demonstrirt, dass die Chylusgefässe in dem Zottengewebe blind endigen. Durch diese Entdeckung war die Hypothese, dass die Chylusgefässe mit feinen Öffnungen auf der inneren Darmoberfläche beginnen und durch Saugbewegungen sich mit Nährflüssigkeit füllen, erschüttert, die Filtrations- und Imbibitionshypothese aber neuerdings gestützt worden.

1) Henle's Allgemeine Anatomie 1843. pag. 259. — 2) l. c.

3) De vasis sanguiferis 1828.

4) Citirt nach Henle. Allgemeine Anatomie 1843. pag. 263.

5) Beiträge zur Aufklärung der Erscheinungen und Gesetze des organischen Lebens. Bremen 1835.

6) Symbolae ad anat. villor. Berolini 1837. Allgemeine Anatomie 1843.

He n l e hat ausserdem durch die Kritik, die er an den Untersuchungen
seiner Vorgänger geübt, die Lehre von der Resorption nach einer anderen
Richtung geklärt. Er zeigte, dass die bei der Untersuchung des Kreislaufes
gesehenen Vasa serosa nicht die Bedeutung haben, die man ihnen zugeschrieben hatte, dass die von Schultze[1] in der Epidermis und von
Treviranus in den Häuten des Auges beschriebenen serösen Gefässe,
auf welche die Vertheidiger der Vasa serosa stets hinwiesen, nichts anderes
sind, als die Intercellulargänge zwischen den polygonalen Epithelzellen.

Über den Ursprung der Lymphgefässe war Henle zu keiner definitiven
Aussage gelangt, aber er bekämpfte die Schlussfolgerungen, welche man
aus den Fohmann'schen Präparaten gezogen hatte. Er machte wie Monro
darauf aufmerksam, dass durch Injectionen künstliche Bahnen geschaffen
werden.

Henle zog des Weiteren auch die Annahme von der »Intelligenz« der
Lymphgefässe in Discussion. Er sprach den Versuchen, durch welche dargethan werden sollte, dass die Lymphgefässe keine Gifte aufnehmen, jede
Beweiskraft für ein Unterscheidungsvermögen der Lymphgefässe ab. Es sei
immerhin möglich — räsonnirte Henle — dass in den Versuchen von
Emmert[2] die Blausäure in der Wunde des blutleer gemachten Oberschenkels von den Lymphgefässen aufgenommen wurde, dass sich aber
deshalb ihre Wirkungen nicht äussern konnten, weil durch die Ligatur der
Bauchaorta die Lymphgefässe in ihrer Thätigkeit gehemmt wurden, und
somit das Gift nicht in die Blutbahn übergeführt wurde. Er wies des Weiteren auf die Versuche von Mayer[3] hin, aus welchen hervorging, dass Gifte
rascher von den Blutgefässen, als von Lymphgefässen aufgenommen werden. Die Beobachtung, dass eine Substanz von den Blutgefässen aufgenommen werde, gestattet demgemäss nicht die Schlussfolgerung, dass sie nur
von den Blutgefässen aufgenommen werde. Ein Unterscheidungsvermögen
könne demnach den Lymphgefässen nicht zugeschrieben werden. »Die erste
Aufnahme der Lymphe oder des Chylus ist ein rein physikalischer Process,
das weitere Aufsteigen eine Folge lebendiger Thätigkeit«.

Henle war also der Erste, der die Resorptionsfrage von einem allge-
meineren Standpunkte aus behandelte. Er verwarf die Annahme der Vasa
serosa, erklärte den behaupteten Ursprung der Lymphgefässe für unerwiesen, zeigte, dass der Resorptionsvorgang ein physikalischer Process sei,
und dass das Strömen der Lymphe durch Contraction der Lymphgefässe
zuwege gebracht werde.

Aber auch Henle drang mit seinen Ansichten nicht durch. Die gegen

---

1) Schultze citirt nach Henle. Allgemeine Anatomie 1843.
2) l. c.
3) Henle's Allgem. Anatomie pag. 561.

ihn vorgebrachten Argumente beruhten auf neuen und guten Beobachtungen und schienen anfänglich wenigstens gegen H e n l e zu sprechen.

An der Spitze jener Forscher, welche ihr Votum gegen H e n l e abgaben, steht J o h a n n e s M ü l l e r.

J o h. M ü l l e r[1]) erklärte sich auf Grundlage negativer Beobachtungen gegen die Contractilität der Lymphgefässe. Er hielt ferner die Existenz der Vasa serosa für wahrscheinlich und bezeichnete die Lymphe als »abgeseihtes Blut«. Die Veranlassung hierfür fand er einerseits in der Beobachtung, dass die Lymphe zuweilen roth gefärbt ist, und andererseits in Versuchen über die Gerinnbarkeit von Blut und Lymphe. Er fand, dass, so oft das Blut eines Frosches gerann, auch seine Lymphe gerann, und wenn jenes flüssig blieb, blieb es auch die Lymphe.

Dass diese Versuche zu jener Schlussfolgerung nicht berechtigen, ist klar. Wenn in zwei mit einer flüssigen Masse gefüllten Gefässen die Flüssigkeiten gleichzeitig erstarren und dann wieder flüssig werden, so müssen die beiden Gefässe nicht nothwendigerweise in Communication mit einander stehen. Die eben angeführten Untersuchungen J o h. M ü l l e r's waren daher zur Klärung der Resorptionsfrage nicht ausreichend. Dagegen gebührt J o h. M ü l l e r das Verdienst, die Bedeutung des Cylinderepithels im Darmkanale zuerst betont zu haben.

J o h. M ü l l e r wies nämlich auf die Wichtigkeit der Untersuchungen R e i c h e r t 's hin, denen zufolge der Darmkanal von Froschlarven nur aus Cylinderzellen aufgebaut sein sollte. Da diese Thiere, wie andere Thiere, zur Erhaltung ihres Lebens die Nahrung resorbiren müssen, so können es nur die Cylinderzellen sein, die bei der Darmresorption in erster Linie betheiligt sind.

Da J o h. M ü l l e r die Contractilität der Lymphgefässe leugnete und somit das Ansteigen der Lymphe in denselben nicht erklären konnte, schrieb er ferner den Cylinderzellen eine Kraft, »organische Anziehung« zu, vermöge welcher die Flüssigkeit in die Chylusgefässe gelangen sollte. Desgleichen liess er die Bezeichnung »Intelligenz« der Lymphgefässe fallen und setzte an ihre Stelle den Ausdruck »Affinität«.

Beide Bezeichnungen, »organische Anziehung« sowohl wie »Affinität«, wurden von ihm nicht weiter definirt. Er berief sich dabei auf die Unmöglichkeit, den Vorgang der Resorption am Thiere zu ergründen, und empfahl, das Studium der Resorption an Pflanzen vorzunehmen. Er selbst wies auf die Analogie mancher Ernährungsvorgänge bei dem Thiere und der Pflanze hin. So brachte er, durch die Versuche von D u t r o c h e t angeregt, die Zellen der Zotten in eine Parallele mit den Zellen an den Saugwurzeln von Pflan-

---

1) Handbuch der Physiol. 1844.

zen. Gleichwie die Zellen der Wurzeln Stoffe aufnehmen und sie in eine bedeutende Höhe zu befördern vermögen, ebenso zieht das Zottenepithel Nahrungssäfte an und treibt sie in den Lymphgefässen weiter.

Inzwischen suchte Herbst den directen Zusammenhang zwischen Blut- und Lymphgefässen auf einem anderen Wege zu beweisen[1]). Er injicirte lebenden Thieren Milch in die Venen und fand, dass sich in · den Lymphgefässen Milchkügelchen nachweisen lassen. Der Übertritt von Milch aus einer Gefässart in die andere wurde von ihm als Beweis dafür angeführt, dass beide Gefässarten durch kleine Öffnungen mit einander im Zusammenhang stehen. Herbst hat also die Hypothese von den Öffnungen in den Blutgefässen schon vor der Entdeckung der Diapedesis aufgestellt.

Wenngleich aber die Versuche Herbst's die wichtige Thatsache von dem Eindringen kleiner Körper aus dem Blutgefässsystem in die Lymphgefässe ergeben haben, so war damit dennoch nichts für die Resorptionslehre gewonnen. Die Art des Übertrittes von Körperchen war ja nur durch Beobachtungen an lebenden Thieren zu ergründen, und Untersuchungen dieser Art wurden zu jener Zeit fast gar nicht geübt.

Eine grössere Bedeutung muss hier hingegen den Theorien über die Saftströmung beigelegt werden, welche Virchow aufgestellt hat. Der Inhalt dieser Theorien lässt sich in Kürze, wie folgt, zusammenfassen: Die Gewebe der Bindesubstanzgruppe enthalten ein Netz, das von verzweigten, mit einander anastomosirenden Zellen gebildet wird. Zellen und Ausläufer sind canalisirt und formiren somit ein Röhrensystem, durch welches hindurch die Gewebssäfte ihren Weg nehmen.

Kölliker[2]) zeigte nun am Schwanze von Froschlarven, dass es sogenannte terminale Lymphgefässe gebe.

· Es waren dies Lymphgefässe, welche sich nach Abgabe von Ästen successive verdünnten, endlich in Fädchen ausliefen und vermittelst dieser mit Ausläufern von Bindegewebszellen in Verbindung traten. Auch in die Wände der Lymphgefässe selbst sah Kölliker hie und da Ausläufer von Bindegewebskörperchen sich einsenken.

Aus dieser Beobachtung ging demnach hervor, dass die Lymphgefässe in keiner directen Beziehung zu den Blutgefässen stehen, dass sie vielmehr in solide Fädchen auslaufen. [3])

---

[1]) Das Lymphgefässsystem und seine Verrichtungen. Göttingen 1844.

[2]) Annal. des sc. nat. 1846.

[3]) Ich kann aber nicht umhin, hier zu bemerken, dass Stricker darauf aufmerksam gemacht hat, dass auch die Blutgefässe im Schwanze der Froschlarven in gleicher Weise blind endigen und gleichfalls Ausläufer und Verbindungen mit den Bindegewebskörperchen besitzen. Die von Kölliker beschriebenen Bahnen können nichtsdestoweniger Lymphgefässe sein, aber ein ganz sicherer Beweis ist dafür nicht aufgebracht worden.

Die letztere Thatsache wurde später von L e y d i g im Sinne der V i r - c h o w'schen Lehre von der Saftleitung gedeutet. Man stellte sich nun vor, dass zwischen den Blut- und Lymphgefässen ein canalisirtes Zellnetz ausgespannt sei, durch welches das Blutgefässsystem mit dem Lymphgefässsystem in Communication steht. Der ernährende Saftstrom gelange aus den Blutcapillaren in das canalisirte Netz und aus diesem in die Lymphgefässe.

Dieser Vorstellung entsprechend bezeichnete T e i c h m a n n [1]) die mit den Lymphgefässen in Verbindung stehenden Zellen geradezu als Saugaderzellen.

Mit diesen Untersuchungen war zugleich die Veranlassung gegeben, auch in der Darmschleimhaut nach einem ähnlichen Canalsystem zu fahnden. Es verstrich aber eine lange Zeit, bis man das Ziel erreicht zu haben gläubte. Nichtsdestoweniger förderten diese Untersuchungen eine Reihe histiologischer Entdeckungen zu Tage.

So fand G o d s i r [2]) die Tunica propria der L i e b e r k ü h n'schen Krypten, G r u b y und D e l a f o n d [3]) eine neue Art Cylinderzellen im Darme, welche sie mit dem Namen »Epithelium capitatum« belegten. Spätere Untersuchungen legten es klar, dass diese Zellen den »Becherzellen« neuerer Autoren entsprechen.

G r u b y und D e l a f o n d machten ferner die Angabe, dass die Cylinderzellen des Darmes auf ihren freien Kuppen Cilien tragen, dass sie somit dem Flimmerepithel beizuzählen sind. Darin gaben sich diese Forscher allerdings einer Täuschung hin. Es kann aber nicht bezweifelt werden, dass G r u b y und D e l a f o n d eigentlich das Stäbchenorgan oder den Basalsaum der späteren Autoren gesehen haben, dessen Streifung mitunter so deutlich ausgeprägt erscheint, dass der Basalsaum wie aus Cilien zusammengesetzt erscheint.   .

G r u b y und D e l a f o n d haben überdies gleichzeitig mit L a c a u c h i e [4], die wichtige Entdeckung gemacht, dass die Zotten contractil sind. Infolge dieser Beobachtung konnte die Frage nach den Resorptionsvorgängen viel bündiger gestellt werden. Denn durch die Entdeckung der Contractilität der Zotten wurde die ganze Reihe der früher angeführten Hypothesen über die Fortleitung des Darminhalts aus den Chylusgefässen der Zotten in die grösseren Lymphstämme geklärt. Die ganze Fragestellung schien jetzt auf das Eindringen der Flüssigkeiten in die Cylinderzellen concentrirt zu sein.

G r u b y und D e l a f o n d suchten auch diese Frage zu lösen. Das Eintreten gelöster Substanzen in die Zellen schrieben sie im Sinne M a g e n -

1) Das Saugadersystem. Leipzig 1861.
2) Edinburg Philosophical Journal No. 33. 1842.
3) Compt. rend. Tome 16. 1842.
4) Compt. rend. Tome 16. 1842.

die's endosmotischen Strömen zu. Für die ungelösten Substanzen, des Besonderen für Fette, formulirten sie eine andere Hypothese.

Sie fanden an den Kuppen einzelner Cylinderzellen zuweilen Öffnungen, welche sie für die Eintrittspforten der Nährflüssigkeiten erklärten. Da aber offene Zellen nicht immer anzutreffen waren, erklärten sie das Geöffnetsein der Zellen für eine temporäre Erscheinung, das heisst, zur Zeit der Nahrungsaufnahme sollten sich die Zellen öffnen und nach vollzogener Resorption sich wieder schliessen.

Es erhellt aus dem Vorausgehenden, dass die von Gruby und Delafond vorgetragene Hypothese der von Lieberkühn aufgestellten vollständig analog ist. Lieberkühn hat Risse im Epithel für die Eintrittsstellen des Darminhalts angesehen, während Gruby und Delafond wirkliche Öffnungen gesehen haben. Aber die offenen Zellen der letzteren Autoren waren nicht minder wie die Epithelrisse Producte einer unvollkommenen Präparationsmethode — es waren Erscheinungen, die am ganz frischen, gesunden Darme nicht wahrzunehmen sind.

Die von Gruby und Delafond beobachtete Contractilität der Zotten wurde später von Brücke[1] des Genaueren studirt. Brücke entdeckte in den Zotten glatte, parallel zur Längsaxe derselben gelagerte Muskelzellen. Durch die Zusammenziehung derselben, sagte Brücke, werden die Zotten contrahirt und dadurch sowohl Blut wie Chylus aus den Gefässen getrieben, wobei ein Theil des Chylus in das Darmlumen regurgitire.

Die darauf folgende Dilatation der Zotten vollziehe sich (sagte Brücke) passiv, und zwar dadurch, dass in die leeren Blutgefässe der contrahirten Zotten Blut eingespritzt wird, wodurch die Gefässe und somit auch die Zotten expandirt werden. Die pralle Füllung der Zotten mit Blut mache dieselben rigider und ermögliche so, dass der Darminhalt durch die Peristaltik in die Epithelzellen eingetrieben werden kann. Die Epithelzellen besitzen, betonte Brücke ferner, sowohl an ihrem oberen wie an ihrem unteren Ende Öffnungen, durch welche hindurch der Darminhalt in das Zottengewebe, und zwar zuerst in kleine wandungslose Interstitien desselben getrieben werde. Von hier soll der Darminhalt in die gleichfalls wandungslosen, durch Zusammenfluss der Interstitien gebildeten Chylusgefässe gelangen.

Der Hypothese Brücke's lagen aber positive Beobachtungen nur in Bezug auf die Contractilität der Zotten, respective auf die Existenz von Muskelfasern in denselben zu Grunde. Die Angaben über Dilatation der Zotten, Filtration des Darminhalts und Regurgitation desselben in die

Darmlichtung, sowie über das Offensein der Zellen an ihren beiden Enden entstammten aber vorwiegend der Speculation.

Brücke's Arbeiten haben indessen auf diesem Gebiete neue Untersuchungen und zahlreiche Discussionen angeregt.

Henle[1]) erhob Einsprache gegen das Offensein der Cylinderzellen. Das von Brücke beobachtete Austreten von Tropfen aus Cylinderzellen dürfe, sagte er, keineswegs als ein Beweis für das Vorkommen von Öffnungen angesehen werden, da das Austreten von Tropfen sich bei Zellen und unter Bedingungen beobachten lasse, welche eine Annahme von präformirten Öffnungen nicht zulassen.

Im ähnlichen Sinne sprach sich auch Bruch[2]) und später Donders[3]) aus.

Virchow[4]), nach ihm Donders[5]) und Frey[6]) bekämpften ferner die Angabe, dass die Chylusgefässe Canäle ohne besondere Wände seien. Frey hat an abgerissenen Zotten die Wand der Chylusgefässe direct demonstrirt.

Auch über das Vorkommen interstitieller Räume in dem Gewebe der Zotten wurden Zweifel laut, nachdem Virchow[7]) die Zotten während der Fettresorption untersucht und Fetttröpfchen in den Bindegewebszellen derselben nachgewiesen hatte. Dieser Beobachtung zufolge durfte vermuthet werden, dass die Bahnen für die Fetttröpfchen durch die Bindegewebskörperchen, also durch das Gewebe der Zotten hindurch und nicht durch interstitielle Räume gehen.

In diese Zeit fallen auch die Untersuchungen von Donders[8]), welche die Entdeckung von quer verlaufenden glatten Muskelfasern in dem Gewebe der Zotten ergaben. Man hatte somit jetzt statt e i n e s Muskelsystems deren zwei kennen gelernt.

Die Kritik, die Henle an den Angaben über das Offensein der Epithelzellen geübt, hatte ausserdem zur Folge, dass man auf die Suche nach anderen Wegen für den Darminhalt ausging. Eine Beobachtung war es vorzugsweise, welche diesen Bestrebungen im hohen Grade günstig zu sein schien. Bei künstlich herbeigeführter Fettresorption sah man zuweilen diejenigen Chylusgefässe, welche den Kuppen der Zotten nahe lagen, reichlicher mit Fett gefüllt, als jene Gefässe, welche an der Basis und zu beiden Seiten der Zotten gelegen waren. Bruch[9]) und Heitzmann[10]) nahmen

---

1) Handb. der system. Anat.
2) Zeitschr. für wissenschaftl. Zoologie. Bd. IV.
3) Zeitschrift für rat. Med. Bd. IV. 1854. Moleschott's Unters. II. 1857.
4) Verhandl. der Würzburger Gesellschaft. Bd. IV. — 5) l. c. — 6) Handbuch der Histologie. — 7) l. c. — 8) l. c. und Lehrb. der Physiol. 1856. — 9) l. c.
10) Sitzungsber. der k. k. Acad. in Wien. 1868.

nun an, dass das Fett durch zellfreie Stellen an der Zottenspitze in offen endigende Chylusgefässe direct eindringe.

Diese Angaben fanden aber wenig Anerkennung. Das Eindringen selbst wurde ja weder von B r u c h, noch von H e i t z m a n n direct beobachtet. Ferner konnte ihre Anschauung mit der über allen Zweifel festgestellten Beobachtung, dass Fetttröpfchen in alle Cylinderzellen des Dünndarmes eindringen, sie mögen sich an der Spitze oder am Fusse der Zotten befinden, nicht vereinbart werden. Endlich haben diese Forscher den Beweis, dass die von ihnen beobachteten Continuitätsunterbrechungen der Epithelschicht an den Zottenspitzen zu physiologischen Vorkommnissen gehören, gar nicht angetreten.

Im Jahre 1856 hat K ö l l i k e r[1]) die Entdeckung gemacht, dass die Cylinderzellen, im optischen Längsschnitte besehen, gegen das Darmlumen zu einen hellglänzenden, senkrecht zur Darmwand gestreiften Saum tragen. Er nannte ihn Basalsaum und zeigte, dass derselbe dem optischen Durchschnitte einer auf der freien Fläche der Cylinderzellen liegenden Platte entspricht. Die Streifen dieser Platte erklärte K ö l l i k e r für feine Kanäle, durch welche kleine Körper, wie etwa Fettkörner, in die Zellen eintreten können. Nur zuweilen fand K ö l l i k e r die Kanälchen so mächtig entwickelt, dass der Basalsaum wie aus feinen Fädchen oder Stäbchen aufgebaut erschien.

Ich habe oben eines Fundes von G r u b y und D e l a f o n d Erwähnung gethan, der mit grosser Wahrscheinlichkeit vermuthen lässt, dass die von diesen Autoren gesehenen Flimmerzellen keineswegs Flimmerzellen, sondern Cylinderzellen mit grob gestreiften Basalsäumen waren.

Gleichzeitig mit K ö l l i k e r beschäftigte sich auch F u n k e[2]) mit dem Basalsaume. Auch F u n k e sah die Streifen für Kanälchen an, behauptete aber, dass der Saum nicht von einer Platte, sondern von einem auf der freien Zellfläche aufliegenden Ringe herrühre. Der letzteren Angabe schlossen sich später L a m b l und B a l o g h an.

K ö l l i k e r's Entdeckung von dem gestreiften Basalsaume hat noch eine Reihe anderer Publicationen provocirt.

M o l e s c h o t t[3]) erklärte, der Saum sei ein inconstantes Gebilde, und sprach ihm aus diesem Grunde jede Bedeutung für die Saftaufnahme ab.

W i t t i c h[4]) hinwieder sah in ihm ein postmortales Gebilde. Er berief sich hierbei auf den Umstand, dass nicht jeder Zelle ein besonderer Basalsaum zukomme, sondern dass er wie eine Schicht einer geronnenen Substanz continuirlich das Epithel auf seiner freien Fläche bedeckt.

---

1) Verhandl. der phys.-medic. Gesellschaft in Würzburg. Bd. VI u. VII.
2) Zeitschrift f. wissensch. Zoologie. Bd. VI.
3) M o l e s c h o t t's Unters. Bd. II. 1857.
4) V i r c h o w's Archiv. Bd. XI. 1857.

Die letztere Angabe wurde auch nachträglich von vielen Forschern auf das entschiedenste vertheidigt.

Eine eigenthümliche Deutung erfuhr der Basalsaum durch S c h i f f.[1]) Dieser Forscher schloss aus Bildern, die das Stäbchenorgan von angequollenen Zellen darbietet, dass dasselbe wie die Kauorgane der Nassula aufgebaut und bestimmt sei, festere Bestandtheile des Darminhaltes zu zerkleinern. Da diese Anschauung jeder weiteren Begründung entbehrte, wurde sie von keinem der nachfolgenden Forscher in ernstliche Erwägung gezogen.

B r e t t a u e r und S t e i n a c h[2]) — Schüler B r ü c k e ′s — haben den Basalsaum an Zellen frisch getödteter Thiere gesehen und sich gegen die Angabe, dass er ein postmortales Gebilde sei, ausgesprochen. Sie nannten den gestreiften Saum Stäbchenorgane und erklärten ihn für ein Bündel von Stäbchen, zwischen welchen die Fettkörnchen in die Zelle dringen.

B r e t t a u e r und S t e i n a c h fanden des Weiteren, dass die Dicke des Basalsaumes und die Deutlichkeit seiner Streifung Schwankungen unterliege. Diese Thatsache als solche war durch verlässliche Beobachtungen gestützt, und ich werde in meinen Untersuchungen dieselbe zum Theil bestätigen können. Die weitere Annahme aber, dass während des Verdauungsstadiums sich der Basalsaum verdünne, im Stadium des Hungers aber an Dicke zunehme, war nicht hinreichend begründet.

B a l o g h[3]) hat auch dieser Annahme widersprochen. Er behauptete andererseits, dass die Kanälchen erst durch das Eindringen von Fett in die Basalsäume, also zur Zeit der Resorption entstehen. B a l o g h hat also offenbar die Kanälchen gerade in jenem Stadium in grösserer Deutlichkeit gesehen, in welchem B r e t t a u e r und S t e i n a c h dieselben undeutlich gesehen haben.

In gleicher Weise sprach sich auch E r d m a n n[4]) gegen B r e t t a u e r und S t e i n a c h aus.

Ein weiterer Fortschritt in der Kenntniss des Stäbchenorgans war durch die Untersuchungen F r i e d r e i c h′s[5]) angebahnt. F r i e d r e i c h bekämpfte die Meinung, dass das Stäbchenorgan den Zellen nur aufgelagert sei, denn er sah zuweilen die Streifung des Stäbchenorgans sich in den Leib der Cylinderzellen hinein erstrecken. F r i e d r e i c h berichtete überdies, dass das Stäbchenorgan zuweilen von zwei Schichten gebildet werde. Diese

---

1) Moleschott′s Unters. Bd. II. 1857.
2, Moleschott′s Unters. Bd. III. 1857.
3) Moleschott′s Unters. Bd. VII. 1861.
4) Beob. über d. Resorptionswege. Inaug.-Dissert. Dorpat 1867. ·
5, Virchow′s Arch. Bd. XV. 1858.

Angabe ist später von Thanhoffer [1]) und Erdmann [2]) bestätigt worden.

Dem letzteren Forscher gebührt überdies das Verdienst, einen wichtigen Beitrag zur Kenntniss der Cylinderzellen geliefert zu haben. Schon im Jahre 1854 hatte Finck [3]) darauf aufmerksam gemacht, dass die Cylinderzellen des Dünndarmes in ihren Höhendimensionen bedeutend von einander differiren. Erdmann hat nun gezeigt, dass an einer und derselben Zotte Cylinderzellen von verschiedener Höhe anzutreffen sind. So lehrten die von ihm an todten Präparaten ausgeführten Messungen, dass die Höhe der grossen Zellen die der kleinen um das Dreifache übertreffen könne.

Im Jahre 1858 erschien eine Untersuchung Heidenhain's, [4]) welche neue und wichtige Aufschlüsse über den Resorptionsapparat des Darmes brachte.

Durch die Entdeckung, dass unmittelbar unter dem Epithel der Zotten eine structurlose Haut, die sogenannte intermediäre Membran existire, die das Zottengewebe allseitig umscheide, wurde die Meinung wachgerufen, dass die Zellen an dieser Membran enden, dass somit das Epithel von dem Parenchym der Zotten durch eine elastische Haut vollständig abgegrenzt werde.

Die Hypothese der intermediären Membran hat den Physiologen grosse Schwierigkeiten bei der Erklärung der Resorptionsvorgänge bereitet. Wie sollte das in die Zellen eingedrungene Nährmaterial eine derbe, elastische Haut passiren, um in das Zottengewebe zu gelangen?

Heidenhain hat nun gefunden, dass die Cylinderzellen nicht an der structurlosen Haut ihr Ende erreichen, sondern dass sie mit den Bindegewebskörperchen des Zottengewebes in Verbindung stehen. Er hat ferner gezeigt, dass die Bindegewebszellen unter einander mit Ausläufern anastomosiren, und dass die Fortsätze jener Zellen, welche den Chylusgefässen am nächsten stehen, sich in die Wand derselben einsenken.

Heidenhain deutete nun die Bilder so, dass er sagte, die Zellen und ihre Ausläufer seien hohl, und stellte sich vor, dass die von den Epithelzellen aufgenommene Nahrungsflüssigkeit durch das System der Bindegewebszellen hindurch in die Chylusgefässe gelange.

Heidenhain's Hypothese war somit den Theorien Virchow's angepasst, Theorien, nach welchen die Bindegewebskörper ein communicirendes System hohler Körper bilden sollten.

Mit diesen Angaben wurden die Chylusgefässe in vollständige Analogie

1) Pflüger's Arch. 1874. Bd. VIII.
2) l. c.
3) Sur la physiologie de l'epithélium. Strassbourg 1854.
4) Moleschott's Unters. Bd. IV. 1858.

zu den Lymphgefässen gebracht. Ich habe oben mitgetheilt, dass Kölliker und Leydig zwischen den Blut- und Lymphgefässen das Vorhandensein eines Netzes von hohlen Bindegewebszellen annahmen, durch welches hindurch der Saftstrom aus der Blutbahn in die Lymphbahn sich bewegen sollte. Ein ähnliches Netz sollte nun auch die Communication zwischen den Epithelzellen des Darmes einerseits und den Chylusgefässen andererseits herstellen.

Die Theorie Heidenhain's hat sehr bald durch die Publicationen von Balogh[1]), Fles[2]), Funke[3]), Thanhoffer[4], Fortunatow[5]) und Landois[6]) neue Stützen gewonnen.

Es sprach sich aber hinwieder eine ganze Reihe von Forschern gegen diesen von Heidenhain behaupteten Zusammenhang aus, so Rindfleisch[7]), Kölliker[8]), Eberth[9]), Dönitz[10]), Erdmann[11]) und Verson[12]).

Gleichzeitig mit den histologischen Arbeiten wurde eine Reihe von experimentalen Untersuchungen veröffentlicht, welche es sich zur Aufgabe gestellt haben, einen Causalnexus einerseits zwischen Resorption und Blutdruck, andererseits zwischen Blutdruck und dem Drucke in den Lymphbahnen nachzuweisen.

Kaupp und Vierordt[13]) hatte gefunden, dass Kaninchen, die man durch einen Aderlass anämisch gemacht hat, das unter die Haut injicirte Strychnin viel langsamer resorbiren, als normale Thiere.

Magendie[14]) hingegen kam in analogen Versuchen mit Giften, die er in den Pleurasack brachte, zu entgegengesetzten Resultaten. Anämische Thiere zeigten eine schnellere Resorption als intacte. Magendie erklärte diese Beobachtungen dahin, dass durch den Abfall des Druckes in der Blutbahn der Eintritt der eingespritzten Gifte in dieselbe auf dem Wege der Endosmose leichter von statten gehe.

Andererseits wurden die Beziehungen zwischen Blut- und Lymphgefässdruck untersucht.

Wie schon früher angegeben wurde, hat man sich anfänglich nur im Sinne der Hypothese von der Existenz der Vasa serosa zu der Annahme entschlossen, dass der Lymphdruck der fortgepflanzte Blutdruck sei.

Nun wurde aber diese Hypothese, wie ich gezeigt habe, durch Henle's Kritik vollständig widerlegt. Nichtsdestoweniger war man bemüht,

---

1) l. c. — 2) Citirt nach Erdmann. — 3) Lehrb. der Phys. — 4) l. c. — 5) Pflüger's Archiv. Bd. XIV. 1877. — 6) Lehrbuch der Physiologie 1880. 7) Virchow's Archiv XXII. 1861. — 8) Gewebelehre. — 9) Würzburger Zeitschr. Jahrg. V. 1864. — 10) Reichert's Arch. 1864. — 11) l. c. — 12) Stricker's Handb. Capitel XVI E. — 13) Citirt nach C. Ludwig's Physiologie. II. Bd. 1861. pag. 565. — 14) Citirt nach C. Ludwig's Physiologie. II. Bd. 1861. pag. 565.

dieser Theorie eine neue Grundlage zu verleihen. Es geschah dies vorzugsweise durch die Untersuchungen von C. Ludwig im Vereine mit Noll[1]) und Thomsa[2]), sowie durch eine Untersuchung von Schwanda[3]). Diese Forscher gaben an, dass einerseits der Lymphstrom sowohl durch Contraction der glatten Muskelfasern in der Wand der Chylusgefässe, als auch durch den Druck, den die quergestreiften Muskeln bei ihrer Zusammenziehung auf die in ihrer Nähe oder in ihnen selbst verlaufenden Lymphgefässe ausüben, eine Beschleunigung erfährt. Gegen diese Angabe lässt sich nicht leicht etwas einwenden.

Die andere Beobachtung aber, dass die Menge der aus einem Lymphgefässe fliessenden Lymphe mit dem Ansteigen des Blutdruckes vergrössert wird, ist keineswegs ein bündiger Beweis dafür, dass die Lymphe von dem Blutdruck in Bewegung gesetzt werde, denn es ist immerhin die Vermuthung erlaubt, dass der Druck in den Lymphgefässen von den Muskelzellen in ihren Wänden aufgebracht werden könnte, und dass jene Eingriffe, welche den Blutdruck erhöhen, auch die Contraction der Lymphgefässe anregen. Wir werden sehen, dass C. Ludwig in der That auf Grundlage von späteren Untersuchungen seine Ansicht über die Triebkraft bei der Lymphbewegung verlassen hat.

In ein neues Stadium wurde die Resorptionsfrage durch die Arbeiten Recklinghausen's geleitet. Nachdem schon Coccius[4]) und nach ihm His[5] die verschiedene Einwirkungsweise des Argentum nitricum auf Zellen- und Grundsubstanz der Hornhaut constatirt hatte, fing Recklinghausen an, diese Wirkung methodisch zu studiren[6]).

Das Resultat dieser Untersuchungen war erstens, dass alle Lymph- und Chylusgefässe auf ihrer inneren Wandfläche von Endothelien bekleidet werden. Mit diesem Funde war somit festgestellt, dass die Lymph- und Chylusgefässe eine eigene Wand besitzen.

Die Angaben von Recklinghausen sind von einer grossen Reihe von Forschern bestätigt worden.

Zweitens fand Recklinghausen, dass nach Silberfärbungen von Bindegewebe in der braungefärbten Grundsubstanz ungefärbte, mit einander anastomosirende Felder sichtbar werden. Auch diese Angabe wurde allseitig als richtig erkannt. Nicht so die Deutung, welche Recklinghausen diesen Bildern gegeben. Recklinghausen erklärte die ver-

---

1) Henle's und Pfeuffer's Zeitschrift. Bd. IX.
2) Sitzungsber. der Wiener Acad. 1861 und 1862.
3) Wiener mediz. Wochenschr. 1858.
4) Citirt nach Recklinghausen. Die Lymphgefässe und ihre Beziehung zum Bindegewebe. Berlin 1862 pag. 5.
5) Beiträge zur norm. und patholog. Histiologie der Hornhaut. Basel 1856.
6) Die Lymphgefässe und ihre Beziehung zum Bindegewebe. Berlin 1862.

zweigten Felder für ein System von Kanälen, welche sich in die Lymph-gefässe eröffnen sollten.

Einen weiteren Ausbau erfuhr diese Theorie, als Böhm [1]) auch einen unmittelbaren Übergang dieser Kanälchen in die Blutgefässe beschrieben hatte. Nun wurden die Angaben Recklinghausen's dahin erweitert, dass man sagte, zwischen dem Blutgefässsystem einerseits und dem Lymph-gefässsystem andererseits ist ein System von Kanälen eingeschaltet, durch welches hindurch die Säfte von den Blutgefässen aus in die Lymphgefässe fliessen.

Mit dieser Anschauung war man wieder bei der alten Hypothese von den serösen Gefässen angelangt. Nur was früher »Vasa serosa« hiess, hiess jetzt Saftkanälchen. Diese Theorie fand bald vielseitige Anerkennung und hat sich bis zum heutigen Tage erhalten.

Der Grund, warum die Theorie Recklinghausen's eine so nach-haltige Geltung gefunden hat, lag vorzugsweise in der Unklarheit der Vorstellung, die man zur damaligen Zeit von dem Baue des Bindegewe-bes hatte.

Die von Virchow vertretene Lehre, dass die Bindegewebszellen kanalisirte Gebilde mit strahlenförmigen Ausläufern seien, durch deren Verbindung ein netzförmiges Kanalsystem für die Säfte formirt werde, hatte sich als unrichtig herausgestellt. Henle und mit ihm eine Reihe der aus-gezeichnetsten Histiologen haben das, was in dieser Richtung an der Vir-chow'schen Lehre irrthümlich war, aufgedeckt und die Bindegewebszellen als dünne Platten oder Schüppchen beschrieben. Als nun Reckling-hausen die Saftkanälchen entdeckt und daran die Angabe geknüpft hatte, dass in den Salträumen die plattenförmigen Bindegewebskörper Henle's liegen, glaubte man nunmehr den wahren Bau des Bindegewebes erkannt zu haben. Denn nun liessen sich die Angaben Henle's mit denen Reck-linghausen's in Einklang bringen, und nunmehr vermochte man die Er-nährung der Gewebe in ungezwungener Weise zu erklären.

Nichtsdestoweniger war diese Übereinstimmung nur eine scheinbare. Henle und seine Anhänger waren zwar in der Negation von Virchow's Lehre vollkommen im Rechte, aber das, was sie an Stelle der Virchow-schen Theorie setzten, war keineswegs auf zuverlässige Beobachtung ge-stützt.

Durch eine Reihe von Arbeiten aus Stricker's Laboratorium, ferner durch die Untersuchungen Bizzozero's und seiner Schüler, durch His und Andere wurde unzweifelhaft dargethan, dass die Bindegewebskörper-chen weder kanalisirte Körper, wie Virchow angab, noch Platten,

1) Virchow's Archiv. Bd. 47.

wie Henle behauptete, sondern solide, mit Ausläufern versehene Zellen seien.

Es wurde ferner gezeigt, dass die ungefärbten Felder, die Saftkanälchen Recklinghausen's, nicht Kanälen, sondern eben diesen verzweigten, mit einander in Verbindung stehenden Bindegewebszellen entsprechen. Recklinghausen hat demgemäss nur gezeigt, dass sich die Grundsubstanz des Bindegewebes braun färbt, die Zellen hingegen ungefärbt oder, wie man sich auch ausdrückt, negativ gefärbt bleiben. Die oben angeführten Angaben von einem zwischen den Blut- und Lymphgefässen eingeschalteten Saftkanalsystem sagen daher eigentlich das aus, was schon früher Kölliker ausgesagt hat, dass zwischen den Blut- und Lymphgefässen ein Netz von Bindegewebszellen ausgespannt ist. Da die Ausläufer der Bindegewebszellen den Angaben Kölliker's und Leydig's zufolge sich sowohl in die Wände der Blutgefässe, wie der Lymphgefässe einsenken, so ist es klar, dass in Präparaten, in welchen die Zellen und ihre Ausläufer negativ gefärbt sind, eine scheinbare directe Communication der »Saftkanälchen« mit Blut- und Lymphgefässen zu sehen sein wird.

Dass das Zellsystem auch thatsächlich der Sitz einer Saftströmung sei, ist erst durch Stricker und Norris[1]) erwiesen worden, indem sie die Erfahrung gemacht haben, dass Farbstoffkörner, welche Fröschen in die Blutgefässe eingespritzt wurden, in die Hornhaut hineingerathen und hier unter den Augen des Beobachters aus einem Hornhautkörperchen in ein anderes gelangen. Stricker erklärte auf Grundlage dieser Beobachtung, dass die Saftbewegung von den Zellen selbst besorgt werde, und widersprach damit der Recklinghausen'schen Theorie sowohl in Bezug auf die anatomischen als auch auf die functionellen Verhältnisse.

Stricker's Theorie lautete, wie folgt:

Zwischen den Blut- und Lymphgefässen ist ein Netz von Zellen oder ein Netz von Protoplasma ausgespannt, durch welches hindurch die Saftleitung von Blutgefäss zu Lymphgefäss erfolgt.

Recklinghausen hat seine Theorie auch auf das Gewebe der Zotten ausgedehnt. Die Saftkanälchen sollten hier einerseits mit den Chylusgefässen communiciren, andererseits an der Schleimhautoberfläche frei endigen und der Darminhalt auf dem Wege dieser Kanäle in die Chylusgefässe gelangen. Recklinghausen stützte seine Angaben vorzugsweise auf die Ergebnisse von Injectionen in die Chylusgefässe.

Seit der Entdeckung der Injectionen von Lymphgefässen bediente man sich zweierlei Injectionsmassen. Einerseits solcher, welche, in das Gewebe eingespritzt, in demselben diffundiren, und andererseits solcher, welche

---

1) Studien aus dem Institute für experimentale Pathologie. Wien 1870.

nicht diffundiren. Die ersteren wurden bald aus der Injectionstechnik gestrichen, da man ja niemals auseinanderhalten konnte das, was die Injection; und das, was die Diffusion geleistet hatte. Um so eifriger wurden nicht diffundirbare Massen in Gebrauch gezogen.

Insofern aber die Injectionen zu dem Zwecke ausgeführt worden sind, um die Wege des Darminhaltes in den Zotten zu ermitteln, war die Umgehung der Injectionen mit diffundirbaren Massen nicht ganz berechtigt. Da der Darminhalt zum grossen Theile ein Gemisch von diffundirbaren Flüssigkeiten ist, so vermag eine Injection von nicht diffundirbaren Farbstofflösungen unmöglich die Wege zu markiren, auf welchen sich eine diffundirbare Lösung ausbreitet.

Da aber einerseits diffundirbare Injectionsflüssigkeiten Kunstproducte schaffen und andererseits nicht diffundirbare keinen Rückschluss auf die Wege des Darminhaltes zulassen, so hätte man — sollte man glauben — die Injectionstechnik zur Ergründung der Chyluswege aufgeben sollen. Nichts von alledem! Es wurde und wird bis zum heutigen Tage weiter injicirt, um die Chylusbahnen kennen zu lernen.

Von dem hier entwickelten Gesichtspunkte aus lassen die Angaben Recklinghausen's über die Saftwege in den Zotten manchen Zweifel zu. Dazu kommen aber noch folgende Erwägungen.

Es darf bei der Untersuchung von Injectionsbildern nicht vergessen werden, dass die Injectionsmasse sich künstliche Wege bahnen kann. Die von Recklinghausen in den Zotten dargestellten, mit den Chylusgefässen communicirenden Netze können durch Einpressen der Injectionsmasse in nicht präformirte Räume entstanden sein. In dieser Vermuthung wird man um so mehr bestärkt, als Recklinghausen angibt, dass bei seinen Injectionen die Farbstoffmasse durch die Schleimhaut hindurch in das Darmlumen getrieben wurde.

Von dem grössten Belang für die Entwicklung der Resorptionsfrage waren hingegen Recklinghausen's Untersuchungen über die natürliche Injection der Lymphgefässe. Ich werde auf diese Untersuchungen, um die chronologische Reihenfolge nicht zu unterbrechen, erst später zu sprechen kommen.

Gleichzeitig mit den Arbeiten Recklinghausen's erschien eine Reihe von Publicationen, in denen man den Ursprung der Chylusgefässe durch mikroskopische Untersuchungen des Zottenbaues zu ermitteln bestrebt war.

His[1]) wies als der Erste im Jahre 1862 nach, dass die Zotte nach dem Typus des adenoiden Gewebes gebaut sei. His unterschied im Zotten-

---

1) Zeitschr. f. wissensch. Zoologie. XI. 1862.

gewebe ein Netzwerk von Zellen und in den Maschen desselben die sogenannten »lymphoiden Zellen«. Die Maschenräume sollten gleichzeitig den Bahnen des Chylus entsprechen.

Kölliker[1], Verson[2], Frey[3], Lipsky[4] und Landois[5] schlossen sich den Angaben von His, soweit sie den Bau der Zotten betrafen, im Wesentlichen an. Landois hat überdies die Angaben von His dahin erweitert, dass die Epithelzellen an ihrem Fusspunkte oft mit Fortsätzen der lymphoiden Zellen in Verbindung stehen.

Diesen Untersuchungen stehen hingegen die Arbeiten von Basch[6] und Winiwarter[7] entgegen.

Die Zotten sollten diesen Forschern zufolge aus einem bindegewebigen, Zellen enthaltenden Balkenwerke bestehen, in dessen Maschenräume rundliche Zellen eingelagert sind.

Basch[8] hat ferner durch Injection von nicht diffundiblem Berlinerblau in die Darmserosa die Maschenräume in den Zotten mit Farbstoff gefüllt und sie als die ersten Chyluswege angesprochen. Zu denselben Resultaten gelangte später F. Winiwarter.

In einer folgenden Arbeit hat Basch[9] die Injectionsmethode verlassen und Untersuchungen am Darme, der in natürlicher Fettresorption begriffen war, angestellt. Basch fand das Balkenwerk der Zotten von Fetttröpfchen durchsetzt und formulirte nun seine Ansicht dahin: »Die einzigen Träger der ersten Chyluswege sind die Balken des Zottenparenchyms. Die ersten Chyluswege sind also intratrabeculär und nicht, wie dies aus der Darstellung von His hervorgeht, intertrabeculär«.

Ich komme nun zur Besprechung einer Reihe von Arbeiten, welche einen weittragenden Einfluss auf die Entwicklung der Resorptionslehre genommen haben. Es sind dies Arbeiten, deren Ausgangspunkt in den fundamental wichtigen Untersuchungen Recklinghausen's über die Lymphgefässe des Zwerchfelles gelegen war.

Es wurde oben erwähnt, dass Mascagni auf Grundlage seiner Versuche zu der Hypothese gelangt ist, dass die aus serösen Höhlen führenden Lymphgefässe mit freien Öffnungen an der Oberfläche der Höhlen entspringen.

Recklinghausen hat für die Theorie Mascagni's unwiderlegbare Beweise gebracht. Er hat im Jahre 1863 direct beobachtet[10], dass, wenn man Milch auf die Bauchseite des Zwerchfells von Thieren giesst,

---

1) Gewebelehre. — 2) l. c. — 3) l. c. — 4) Sitzungsber. der Wiener Acad. 1867.
5) Lehrb. der Physiol. 1880. — 6) Wiener Sitzungsber. der Acad. Bd. 33. 1858. —
7) Ebendaselbst 1876. — 8) l. c. — 9) Sitzungsber. der Acad. in Wien. Band 52 1870.
10) Virchow's Arch. Bd. 26.

die Milchkügelchen durch zarte Öffnungen auf der Oberfläche des Zwerchfelles in die Lymphgefässe desselben eindringen.

Oedmansson[1], Hüter[2], Schweigger-Seidl und Dogiel[3],
Dybkowsky[4]) und E. Klein[5]) haben alsdann diese Öffnungen als kleine
Löcher zwischen den Endothelzellen und ihren Zusammenhang mit Lymphgefässen sowohl am Zwerchfell, wie an der Pleura und am Peritoneum theils
durch Färbung mit Argentum nitricum, theils durch Injection von Farbstoffen nachgewiesen. Diese Öffnungen führen seither den Namen »Stomata«.

Aus diesen Ergebnissen konnte nun mit voller Sicherheit abgeleitet
werden, dass an der Oberfläche von serösen Höhlen des thierischen Körpers Lymphgefässe mit freien Mündungen ihren Anfang nehmen.

Nach diesen Erfahrungen war nun zu erwarten, dass auch die Chylusgefässe und die in den Geweben entspringenden Lymphgefässe mit freien
Öffnungen ihren Anfang nehmen. So hat Bizzozero[6]) die Vermuthung ausgesprochen, dass jene Lymphgefässe, deren Ursprungsgebiet von geschichteten Epithelien bedeckt werde, ihren Ursprung zwischen den Epithelzellen, in den Intercellularspalten nehmen. Eine genügende Bürgschaft
dafür, dass die intercellularen Räume thatsächlich Gänge sind, glaubte man
in den Angaben Virchow's und Recklinghausen's[7]) gefunden zu
haben, welche dahin gingen, dass zuweilen zwischen den Epithelzellen
Eiter- oder Wanderzellen angetroffen werden. Dem gegenüber wurde der
Einwand erhoben, dass das Vorhandensein von Wanderzellen zwischen Epithelzellen nicht das beweist, was es beweisen sollte. Die Räume zwischen
den Zellen könnten von einer weichen Kittsubstanz erfüllt, und in diese die
Zellen eingewandert sein.

Diesem Einwande wurde auch von Seiten mehrerer Forscher Rechnung
getragen. Sie behaupteten zwar nach wie vor, dass die Saftleitung
zwischen den Epithelzellen erfolge, aber das, was die Saftleitung besorge,
sei die Kittsubstanz zwischen den Zellen. Ihre eifrigsten Förderer hat
diese Theorie an Arnold[8]) und Thoma[9]) gefunden, als diese Forscher
nach Injection von Indigocarmin und Behandlung der Gewebe mit Alkohol
die Kittsubstanzen zwischen Epithel- und Drüsenzellen blau gefärbt fanden.

Aus diesen Beobachtungen konnte aber weder auf das Vorhandensein
einer Kittsubstanz, noch auf das Vorhandensein von Saftströmungen zwischen den Zellen geschlossen werden. Denn erstens ist es, wie ich später

---

1) Virch. Arch. Bd. 28. — 2) Med. Centralbl. 1865. — 3) Berichte der sächs.
Gesellsch. 1866. — 4) Berichte der sächs. Gesellsch. 1867. — 5) The anatomy of the
lymphatic system. London 1873. — 6) Studi fatti nel Laboratorio patologico. Pavia
1870. — 7) Virchow's Archiv. Bd. 26. — 8) Ebendaselbst Bd. 64, 66, 74. —
9) Ebendaselbst. Bd. 64.

zeigen werde, durchaus zweifelhaft, ob die Kittsubstanzen in vivo vorhanden sind. Andererseits geht aus den Untersuchungen von Heidenhain [1], der nach ähnlicher Methode wie Arnold gearbeitet hat, hervor, dass es in der Niere gerade die Drüsenzellen und nicht die Kittsubstanzen sind, die das in die Venen gespritzte Indigocarmin aufnehmen.

Wollte man mit Arnold annehmen, dass dort, wo in todten Präparaten Indigocarmin in Geweben vorhanden ist, in vivo Saftbahnen vorhanden wären, so müsste man den Untersuchungsergebnissen Heidenhain's zufolge Arnold's Angaben in Bezug auf die Niere umstossen und den Zellen den gewichtigsten Antheil an der Fortleitung der Säfte zuschreiben.

An Arnold schlossen sich Caster [2] und Leber [3], endlich in neuester Zeit Wittich [4], zum Theil auf Grundlage neuer Beobachtungen an.

Wittich färbte ein Stück Haut mit Nitras argenti und fand die Räume zwischen den Epithel-Zellen braun, die Zellen ungefärbt. Aus dieser Beobachtung leitet er ab, dass die Silberlösung den Weg der Saftströmung markirt habe, dass somit die Saftströme ihren Weg zwischen den Zellen einschlagen.

Diese Schlussfolgerung ist aber unstatthaft. Hätte Wittich den Versuch mit einer Anilinfarbe gemacht, so hätte er gefunden, dass der Farbstoff in die Zellen gelangt, und er wäre so zu einem entgegengesetzten Schlusse gekommen.

Wittich bleibt sich überdies in der Deutung der Silberbilder nicht consequent. Vorausgesetzt, dass durch die Silberlösung die Saftwege angezeigt werden, dann hätte Wittich folgerichtig annehmen müssen, dass die Recklinghausen'schen Saftkanälchen im Chorion keine Saftkanälchen sind, da sie ja vom Silber nicht gefärbt werden.

Wittich hat aber nicht so geschlossen. Er hält vielmehr die »Saftkanälchen« im Corium für echte Saftbahnen, in welche jene Intercellularspalten einmünden sollen. Es ist somit bei Wittich ein Ding das einemal deshalb ein Saftkanal, weil es sich in Silber färbt, und ein andermal wieder deshalb, weil es sich in Silber nicht färbt.

Wir müssen somit die Hypothese, dass die Saftbahnen der geschichteten Epithelien in den Interstitien zwischen den Zellen ihren Ursprung nehmen, als unerwiesen betrachten.

In diese Zeit fällt eine Mittheilung von Heller [5], welcher rhyth-

---

1) Archiv f. mikr. Anat. X. 1874. Pflüger's Arch. IX. 1875.
2) Journal of Anat. and Physiol. IV. 1870.
3) Archiv f. Ophthalmologie. Bd. 24.
4) Hermann's Handbuch der Physiologie.
5) Mediz. Centralbl. 1869, pag. 545.

mische Contractionen an den Chylusgefässen, und von Tarchanoff[1]), welcher Contractionserscheinungen an Lymphcapillaren nach elektrischer Reizung beobachtet hatte. Mit diesen Angaben waren die alten Beobachtungen von Schreger und Mojon bestätigt worden. Trotzdem fand die Contractilität der Lymphgefässe in den experimentalen Arbeiten der folgenden Zeit nahezu keine Würdigung. Es ist dies aus dem Folgenden zu ersehen.

Gleichzeitig mit der Wiederentdeckung der Contractilität der Lymphgefässe begann die Publication einer ganzen Reihe von Arbeiten aus C. Ludwig's Laboratorium, welche sich, wie dies schon früher geschah, vorwiegend mit den Triebkräften der Lymphe beschäftigen.

Zuerst machte Dybkowsky[2]) das längst vergessene Mascagni'sche Experiment nach, Lymphgefässe seröser Häute dadurch sichtbar zu machen, dass man in die betreffende Höhle einen Farbstoff injicirt. Die Versuche gelangen Dybkowsky im vollen Maasse.

Wir stehen hier vor der merkwürdigen Thatsache, dass ein 79 Jahre umfassender Zeitraum verstreichen musste, bis es gelungen ist, einen für die Resorptionsfrage fundamental wichtigen Versuch mit Erfolg nachzuahmen.

Dybkowsky spritzte Hunden in den Pleurasack eine Flüssigkeit, welche Kochsalz und Berlinerblau enthielt, und stellte durch die mikroskopische Untersuchung fest, dass auch hier das Eindringen der Farbstoffkörner durch die Stomata hindurch in die Lymphgefässnetze erfolge. Da die Füllung des Gefässnetzes mit Farbstoff präciser erfolgte, wenn das Thier während des Versuches energische Athmungsbewegungen ausgeführt hatte, gab sich Dybkowsky der Meinung hin, dass der Farbstoff durch den zu- und abnehmenden Zug, den die Lunge bei ihrer Ausdehnung und Zusammenziehung auf die Pleura ausübt, in die Stomata und in die Lymphgefässe hineingepumpt werde.

Seit Dybkowsky's Untersuchungen wurde fast in allen folgenden, unter C. Ludwig's Leitung entstandenen Arbeiten der Einfluss der Pumpbewegungen auf die Bewegung der Lymphe nachdrücklich betont.

So soll nach Genersich[3]) der Lymphstrom in den Lymphgefässen der Extremitäten durch den Zug, den die quergestreiften Muskelfasern bei ihrer Contraction ausüben, sowie durch passive Bewegungen der Extremitäten beschleunigt werden, nach Lesser[4]) die Bewegung der Lymphe in den Eingeweiden der Bauchhöhle, nach C. Ludwig und Schweigger-

---

1) Pflüger's Arch. IX, 1874.
2) l. c.
3) Arbeiten aus der physiol. Anstalt zu Leipzig. 1870.
4) Arbeiten aus der physiol. Anstalt zu Leipzig. 1871.

Seidel[1]) die in dem Zwerchfell, nach Schweigger-Seidel und Dogiel[2]) die in der Bauchcysterne des Frosches durch Respirationsbewegungen der betreffenden Organe, endlich nach Ludwig und Schweigger-Seidel[3]) die in den Sehnen durch passive Bewegungen der betreffenden Extremitäten befördert werden.

Gegen die Folgerung, dass die Pumpbewegungen eine wesentliche Rolle bei der Fortbewegung der Lymphe spielen, lässt sich aber folgendes anführen:

1) Mascagni gelang es, die Lymphgefässe an frischen Leichen ohne jede Pumpbewegung zu füllen. Desgleichen hat Rajewsky[4]) in neuerer Zeit die Lymphgefässe des Zwerchfelles dadurch gefüllt, dass er dasselbe, ohne zu pumpen, ganz einfach mit Farbstoff übergoss.

2) Die Versuche der oben genannten Autoren sind zumeist an todten oder mit Curare oder Opium narcotisirten Thieren, oder an ausgeschnittenen Organen, also unter Bedingungen ausgeführt worden, durch welche die Contractilität der glatten Muskulatur in den Lymphgefässen entweder geschwächt, oder vollends aufgehoben war. Dass unter diesen Umständen durch Druck oder Zug der Lymphstrom eine Beschleunigung erfahren kann, wird Niemand bezweifeln. Ob aber auch im normalen Thiere die Pumpbewegungen die Anfüllung der Lymphgefässe besorgen, geht aus diesen Versuchen nicht hervor.

Eine andere, gleichfalls unter C. Ludwig's Leitung ausgeführte Reihe von Versuchen beschäftigt sich mit der Frage, welcher Antheil dem fortgepflanzten Blutdrucke an der Strömung der Lymphe zukomme.

Diese Frage wurde von Lesser[5]) und später von Paschutin[6]) dahin beantwortet, dass der Blutdruck die Lymphbewegung nicht beeinflusse, indem einerseits die Secretion der grössten Lymphmengen oft mit dem niedrigsten Blutdrucke zusammenfällt, und andererseits Erhöhung des Blutdruckes keine Beschleunigung des Lymphstromes im Gefolge hat.

Mit diesen Untersuchungen hat somit C. Ludwig seine früheren Angaben, dass der fortgepflanzte Blutdruck eine Triebkraft für die Lymphe abgebe, zurückgenommen. An Stelle des Blutdruckes wurden jetzt jene erwähnten Pumpbewegungen als Ursache der Lymphströmung anerkannt. Dass diese Pumpbewegungen aber keine wesentliche Rolle im Resorptionsmechanismus spielen können, habe ich oben angedeutet.

---

1) Ebendaselbst. 1866.
2) Ebendaselbst. 1866.
3) Die Lymphgefässe der Fascien und Sehnen. Leipzig 1872.
4) Virchow's Archiv. Bd. 64. 1875.
5) l. c.
6) Arbeiten aus der physiol. Anstalt in Leipzig 1872.

Es wurde somit durch die angeführten Untersuchungen C. Ludwig's die Lehre von der Resorption durch die Erfindung einer ganzen Reihe ingeniöser Methoden zwar bereichert, aber die Frage nach der Beziehung der Lymphsecretion zum Kreislaufe ihrer Lösung nicht näher geführt.

Endlich habe ich noch einer Untersuchung von Goltz[1] zu erwähnen, in welcher dieselbe Frage, aber von einem neuen Standpunkte aus, behandelt wurde. Goltz stellte sich überdies die Aufgabe, nicht allein den Einfluss des Blutkreislaufes, sondern auch den des Nervensystems auf die Resorptionsvorgänge zu studiren.

Die Resultate seiner an Fröschen ausgeführten Untersuchungen lassen sich im Folgenden zusammenfassen.

Zur Resorption ist das Vorhandensein des Kreislaufes nicht unbedingt nothwendig.

Frösche resorbiren die in ihre subcutanen Lymphsäcke eingespritzten Flüssigkeiten nur dann, wenn das Rückenmark erhalten ist. Ist dasselbe zerstört oder durch starke Curarisirung ausser Function gesetzt, dann ist auch die Resorption aufgehoben.

Ich kann hier auf eine Kritik dieser Versuche nicht eingehen. Es wird sich aber aus der Mittheilung meiner Experimente ergeben, dass die Untersuchungen von Goltz mit unzureichenden Methoden ausgeführt worden sind.

Eine ganz neue Anschauung über die Resorptionsorgane hat Thanhoffer[2] vorgetragen. In seiner Arbeit taucht die von Gruby und Delafond gemachte Angabe, dass die Dünndarmepithelien des Frosches Flimmerzellen sind, von Neuem auf. Die Zellen tragen diesem Forscher zufolge an ihrer gegen das Darmlumen zugekehrten Fläche keine Platte, sondern einen Ring. Innerhalb dieses Ringes entspringen aus dem Zellleibe die Cilien, welche auf Längsbildern der Zellen durch den Ring hindurch gesehen werden und demzufolge dem Ringe ein streifiges Aussehen verleihen.

Die Cilien führen unter geeigneten Umständen eigenthümliche Bewegungen aus, sie werden aus dem Leibe der Zellen nach Art von Pfeilen hervorgeschleudert und wieder zurückgezogen. Dabei fassen sie die im Darminhalt befindlichen Fettkörnchen zwischen sich und ziehen sie in den Leib der Zelle hinein.

Die Angaben Thanhoffer's fanden ohne jede weitere Prüfung rasch Eingang, und zwar, wie es scheint, vorzugsweise aus dem Grunde, weil nun eine vollständige Analogie zwischen dem Darme der Wirbelthiere und dem Flimmerzellen tragenden Darme vieler Avertebraten hergestellt war.

---

1) Pflüger's Archiv. Bd. V. 1872.
2) l. c.

Diese Analogie ist aber keineswegs berechtigt. Die Flimmerzellen im Darme der wirbellosen Thiere sind, nach den übereinstimmenden Aussagen aller Forscher, Flimmerzellen gewöhnlicher Art mit oscillirenden Bewegungen, durch welche der Darminhalt gegen das Darmende zu wegbewegt wird. Die Flimmerzellen, wie sie Thanhoffer beschreibt, sollen hingegen Apparate sein, welche den Darminhalt in sich hinein befördern. Es sind demgemäss Vorrichtungen einer anderen Art. Ich muss dies hier um so mehr betonen, als diejenigen Forscher, welche Thanhoffer beipflichteten, diesen Unterschied gar nicht berücksichtigt haben.

Die Versuche von Thanhoffer sind bis jetzt meines Wissens nur von Fortunatow einer Prüfung unterzogen worden.

Fortunatow [1] theilt mit, dass er in einer grossen Anzahl von Versuchen nur zweimal und nur einzelner flimmernder Zellen im Froschdarme ansichtig geworden ist. Er beschreibt die Bewegungen der Cilien nicht weiter. Da er aber angibt, dass er dieselben Bewegungen auch im Darme von Petromyzon beobachtet hat, und da er die Zellen dieses Thieres als Flimmerzellen gewöhnlicher Art beschreibt, muss geschlossen werden, dass Fortunatow im Darme des Frosches Flimmerzellen gesehen hat, deren Cilien schwingende, aber nicht pfeilförmige Bewegungen ausgeführt haben.

Fortunatow hat somit nur gezeigt, dass auch bei Petromyzon Flimmerzellen vorkommen, nicht aber, dass diese Zellen Darminhalt in sich hineinziehen; er hat ferner gezeigt, dass auch im Froschdarme zuweilen Flimmerzellen angetroffen werden können, deren Cilien gleichfalls im Gegensatze zu den Angaben Thanhoffer's oscillirende Bewegungen ausführen. Die Angaben Fortunatow's sind daher nicht als eine Bestätigung der von Thanhoffer gemachten Entdeckung anzusehen.

Ich muss mich an dieser Stelle begnügen, die zwischen Thanhoffer und Fortunatow obwaltende Differenz zu constatiren. Die Klärung des Widerspruches wird durch die Mittheilung meiner Versuche erfolgen.

Hoppe-Seyler [2] hat auf Grundlage von Experimenten die Hypothese, dass die Resorption theils auf Endosmose, theils auf Filtration zurückzuführen sei, einer scharfen Kritik unterzogen.

Schon Brücke hat, wie ich oben angegeben habe, die Bedeutung von endosmotischen Strömen für die Resorption bekämpft und dafür der Filtration eine um so wichtigere Rolle zugesprochen. Im ähnlichen Sinne sprachen sich nach Brücke Susini [3] und Fleischer [4] aus.

Susini injicirte in die Harnblase von Kaninchen ein Eisenoxydulsalz

---

[1] Pflüger's Archiv. Band XIV. 1877.
[2] Physiol. Chemie. II. Theil.
[3] De l'imperméabilité de l'Epithel. Strassbourg 1867.
[4] Unters. über das Resorptionsvermögen der menschlichen Haut. Erlangen 1877.

und brachte auf ihre äussere Fläche gelöstes Eisenchlorid. So lange das
Epithel der Schleimhaut im unverletzten Zustande sich befand, trat keine
Endosmose ein, wohl aber, wenn das Epithel abgeschabt worden war. Diese
Beobachtung führte Susini zu dem Schlusse, dass Epithelien endosmoti-
schen Strömen hindernd in den Weg treten.

    Fleischer experimentirte in ähnlicher Weise und mit ähnlichem Er-
folge. Ein mit salicylsaurem Natron gefülltes Darmstück wurde in eine
Eisenchloridlösung getaucht. Es zeigte sich nun, dass, je frischer der Darm
war, um so träger die Endosmose von statten ging. An jenen Darmstücken,
welche eben getödteten Fröschen entnommen waren, kam eine endosmotische Wirkung erst nach einer Stunde, an jenen Darmstücken aber, welche
von todten Thieren herrührten, kam der Contact beider Flüssigkeiten schon
in einer Minute zur Erscheinung.

    Hoppe-Seyler hat im Gegensatz zu diesen Forschern an dem
lebenden, nicht ausgeschnittenen Darme experimentirt und dadurch seinen
Versuchen viel mehr Beweiskraft verliehen, als es seine Vorgänger gethan.

    Hoppe-Seyler injicirte in den Darm lebender Thiere Alkohol von
einer Concentration, die die Zellen des Darmes nicht schädigen konnte.
Alkohol ist nun, wie zahlreiche endosmotische Versuche lehren, eine
Flüssigkeit, die ungemein leicht thierische Membranen durchdringt und an
deren Stelle bedeutende Mengen Wasser treten. Hoppe-Seyler hat nun
gezeigt, dass der in den Darm eingebrachte Alkohol zwar rasch in die
Darmwand eindringt, dass aber, entgegen den Forderungen physikalischer
Gesetze, kein Austritt von Wasser in das Darmlumen erfolgt. Hoppe-
Seyler erklärte demgemäss die Annahme von endosmotischen Strömen für
unstatthaft und hält es vielmehr für wahrscheinlich, dass durch irgend
welche Bewegungsvorgänge in den Zellen die Resorption bedingt werde.
Er verweist, wie Joh. Müller, auf die Deckzellen der Pflanzenwurzeln
hin, die in gleicher Weise gelöste Stoffe aus dem Boden aufnehmen, ohne
Wasser an denselben abzugeben. Das letztere komme erst dann zu Stande,
wenn die Deckzellen der Wurzeln zerstört werden; dann aber kehre sich
der Saftstrom in den Pflanzen um, und sie geben Wasser an den Boden ab.
Die Folge davon ist der Tod der Pflanze. Der analoge Vorgang lässt sich
auch am Darme beispielsweise bei der Cholera beobachten, bei welcher
Krankheit die Epithelien des Darmes zerstört werden. Es treten grosse
Wassermengen aus dem Blute in den Darm über, und die Resorption geräth
ins Stocken. Würde die Hypothese von endosmotischen Vorgängen richtig
sein, so müsste gerade unter diesen Bedingungen, da das Epithel zerstört,
das Diaphragma also dünner geworden ist, die Resorption besser von statten gehen, denn je.

    Hoppe-Seyler zeigt des Ferneren, dass auch die Filtrationshypo-
these zur Erklärung der Resorption nicht herangezogen werden könne. Er

stützt seine Kritik auf ein Moment, das von allen seinen Vorgängern vollständig ausser Acht gelassen war, auf den Aggregatzustand des lebenden Dünndarmepithels.

Sein Raisonnement, das ich hier wortgetreu mittheile, lautet wie folgt: »Es ist nicht verständlich, wie durch das breiige Protoplasma hindurch eine Filtration unter Druck stattfinden soll. Der Druck, welcher durch peristaltische Contractionen der Muskeln auf den Inhalt des Darmrohres ausgeübt wird, trifft in gleicher Weise die Oberfläche des Protoplasmas und dieses letztere könnte vielleicht, wenn der Druck stark genug wäre, in seine Becher (Zellmembranen) gedrückt, aber wenn der Druck noch so stark wäre, auf keine Weise Flüssigkeit durch die bewegliche breiige Masse hindurchgepresst werden. Jede Filtration setzt aber eine genügende Festigkeit in der Lage der Theilchen des Filters voraus; denn fehlt diese, so gleicht sich der Druck durch ihre Bewegung aus, ohne dass die Flüssigkeit zur Bewegung durch die Poren genöthigt wird. — Einseitiger Druck würde das Protoplasma vor sich herschieben, aber keine Filtration bewirken. Sollte aber durch seine schleimige Masse hindurch eine Filtration geschehen, welch hoher Druck wäre erforderlich, um dieses ins Werk zu setzen!« Hoppe-Seyler schliesst seine Betrachtungen mit den Worten: »Diejenigen, welche hier eine Filtration annehmen, haben sich die Verhältnisse nicht eingehend überlegt, sonst hätten sie diesen Gedanken sofort zurückweisen müssen«.

Die kritischen Bemerkungen Hoppe-Seyler's blieben nicht ohne Einfluss.

In dem jüngst erschienenen physiologischen Sammelwerke hat Wittich[1]), der die Resorptionsfrage für dieses Handbuch bearbeitet hatte, die Hypothese von der Endosmose und Filtration vollständig fallen lassen. — Es erhellt somit aus dem Mitgetheilten, dass auf die Frage nach dem eigentlichen Resorptionsvorgange bis jetzt keine befriedigende Antwort erfolgt ist.

---

1) l. c.

II. Über die Wahl der Versuchsthiere.

Bevor ich an die Mittheilung meiner Untersuchungen schreite, will ich einige Bemerkungen über die Wahl des Untersuchungsobjectes vorausschicken.

Aus der geschichtlichen Darstellung der Resorptionsfrage geht hervor, dass das Studium der Resorptionsvorgänge im Darmkanale der höher entwickelten Thiere durch Umstände mannigfaltiger Art erschwert wird. Hat ja doch Joh. Müller unter ausdrücklichem Hinweis auf diese Schwierigkeiten der Versuche bei Thieren es für fruchtbringender gehalten, die Resorption an den Pflanzen zu studiren, und hat doch das Beispiel Joh. Müller's thatsächlich Nachahmer gefunden. Wenngleich aber durch die Untersuchungen an Pflanzen mancher Fortschritt angebahnt wurde, so blieb doch die Mechanik der Resorption im Thiere nach wie vor unenthüllt. Die Pflanzen erwiesen sich zur Erforschung der Resorption in gleichem Grade unzureichend, wie der Darm der Wirbelthiere. Bei dieser Sachlage schien es gerathen, die Untersuchungen wieder auf das Thier zurückzulenken und, angesichts der grossen Mannigfaltigkeit in der Einrichtung der thierischen Resorptionsorgane, jene Formen ausfindig zu machen, welche der Untersuchung am günstigsten sind. So lernte ich denn in der gewöhnlichen Stubenfliege und ihren Larven ein äusserst günstiges Untersuchungsobject kennen.

Der Darm der Stubenfliege lässt sich ohne besondere Schwierigkeit aus dem lebenden Insecte präpariren; er ist als ein zartes durchsichtiges Rohr der Untersuchung mit starken Linsensystemen zugänglich, er kann ohne Mühe verschiedenen Versuchseingriffen unterworfen, ja er kann sogar im lebenden Thiere selbst unter den mannigfaltigen Versuchsbedingungen direct beobachtet werden.

Ich machte mir die Vortheile, die der Insectendarm der Untersuchung bietet, um so lieber zu Nutze, als ja die am Insectendarme gewonnenen Ergebnisse mit grösserer Berechtigung auf den Darm höher organisirter Thiere ausgedehnt werden können, als dies bei den an Pflanzen gewonnenen Resultaten zulässig ist.

III. Untersuchung des Darmes in vivo.

Der Inhalt des Darmkanals von Stubenfliegen ist in den meisten Fällen dunkelbraun gefärbt, undurchsichtig und macht daher den Darm zur Untersuchung mit starken Linsen nicht recht brauchbar. Man hat es aber in der Hand, dieses Übelstandes vollständig Herr zu werden, wenn man den Thieren möglichst farbstofffreie Nahrung verabreicht. Zu diesem Behufe brachte ich kleinere Exemplare der Stubenfliege unter eine Glasglocke, auf deren Boden zuvor einige Tropfen einer Rohrzuckerlösung oder ausgepresster Muskelsaft von Fröschen gebracht worden war. Nach zwei bis drei Tagen waren die Thiere zur Untersuchung geeignet.

Ich habe nun einer Fliege die Flügel und Füsse entfernt, dieselbe mit dem Rücken nach unten auf eine Objectplatte gelegt und ihr mittelst zweier Pincetten das Abdomen aufgerissen. Um dies zu bewerkstelligen, legte ich eine Pincette nahe dem thoracalen Rande, die andere nahe dem unteren Ende des Abdomens an und zerriss nun durch einen leichten, in der Richtung der Längsachse des Thieres geführten Zug das Abdomen in zwei Theile. Nach einem solchen Eingriffe trat an der Rissstelle der gewundene Darm hervor. Durch weiteres Ziehen an den Pincetten glich ich dann die Windungen des Darmes aus, schnitt denselben mit einem kleinen Scalpelle an seinem vorderen und hinteren Ende durch und deckte ihn nach Entfernung all der anderen Körpertheile der Fliege mit einem Deckglase zu.

Bei 600facher linearer Vergrösserung wurde ich gewahr, dass das Darmrohr aus mehreren Schichten aufgebaut ist.

1) Zu äusserst wird es gebildet von einer Schicht bandförmiger Muskelfasern, deren Längsachse gleichgerichtet mit der Längsachse des Darmrohres verläuft. Dieser Schicht liegt nach innen zu abermals eine Muskellage auf, deren Fasern aber circulär verlaufen, also senkrecht zur Längsaxe des Darmes gerichtet sind.

Die Elemente beider Muskellagen sind quergestreifte, bandförmige Muskelfasern. Dieselben liegen bald dicht nebeneinander, bald werden sie durch weite Zwischenräume von einander geschieden. Es erscheinen demgemäss die Muskellagen bald als continuirliche, bald als durchbrochene Schichten. In einzelnen Fällen weiten sich die Zwischenräume derart aus, dass der Darm auf grössere Strecken hin des musculösen Überzuges vollständig entbehrt.

Ein bemerkenswerthes Verhalten zeigen die Muskelschichten an Stellen, an denen der Darm sich im Zustande der Contraction befindet. Die Darmwand erscheint hier von den Muskelfasern der Ringschicht wie von Bändern eingeschnürt. Im optischen Längsschnitt präsentirt sich dann jede eingeschnürte Stelle als eine Einbiegung der Darmwand, über welcher die Längsmusculatur in einer Flucht derart hinwegzieht, dass jeder Einbug von derselben überdacht wird.

Es zieht sich somit die Ringmuskelschicht, entsprechend den eingeschnürten Stellen, von der Längsmusculatur ab und bedingt dadurch das Zustandekommen zahlreicher, ringförmiger Kanäle zwischen der äusseren und inneren Muskellage. An dilatirten Darmstücken hingegen sind beide Muskelschichten aller Orten in inniger Berührung.

2) Nach innen zu liegt der Ringmuskelschicht die Membrana propria,

von den Zoologen auch als Tunica externa bezeichnet, auf. Dieselbe stellt sich als eine structurlose, mit den Charakteren des elastischen Gewebes ausgestattete Haut dar. Ihre innere Fläche wird von den Epithelzellen überzogen.

3) Die Epithelzellen präsentiren sich in zwei verschiedenen Formen, je nachdem das Darmrohr sich im contrahirten oder dilatirten Zustande befindet.

a) Wenn ich auf den optischen Längsschnitt eines dilatirten Darmstückes einstellte, so erschienen die Zellen als planconvexe Linsen, deren ebene Fläche der Membrana propria, deren convexe Fläche aber dem Darmlumen zugekehrt war.

Die Umrisse der Zellen sind bald deutlich markirt, bald nur angedeutet, bald gar nicht wahrzunehmen. Im letzteren Falle formiren die Zellen eine dünne, aus einer continuirlichen Protoplasmamasse bestehende Tapete, welche nur hie und da von etwas mehr prominirenden Zellen, wie etwa ein ebenes Terrain von niedrigen Hügeln unterbrochen wird.

In ihrem Inneren beherbergen die Zellen je einen längsovalen Kern mit einem oder zwei Nucleoli. Stärkere Vergrösserungen (1800 linear) bringen in dem Zellleibe eine Körnung und ein ungemein zartes Netzwerk von Fäden zur Anschauung. Es gehört fast zu den regelmässigen Vorkommnissen, dass in den gegen das Darmlumen zu mehr prominirenden Zellen das Netzwerk leichter in Erscheinung tritt, als an anderen Stellen des Zellüberzuges.

Die Netze ändern ihre Configuration (wenn auch langsam) unter den Augen des Beobachters.

Das Epithel wird gegen das Darmlumen zu von einer Membran überzogen, welche die Entomologen Tunica intima nennen. Diese Schicht entspricht, wie ich gleich hier erwähnen will, dem Stäbchenorgane der Histiologen. Dieselbe erscheint senkrecht zur Darmwand dicht und zart gestreift. In einzelnen Fällen sind die Streifen von grosser Dicke und bewirken dann den Anschein, wie wenn die Schicht sich aus parallel nebeneinander liegenden Stäbchen zusammensetzen würde, wie es Kölliker und nach ihm Brettauer und Steinach beschrieben haben.

Es kommen weiterhin Fälle vor, in denen die Tunica intima, wie es Friedreich angegeben, sich als eine aus zwei bis drei Lagen zusammengesetzte Schicht darstellt. Die dadurch bedingte Querstreifung (parallel zur Oberfläche) kann oft derart ausgeprägt sein, dass durch sie die Tunica intima eine grosse Ähnlichkeit mit der contractilen Substanz quergestreifter Muskelfasern erlangt.

Ist sowohl die Längs- wie die Querstreifung der Tunica intima klar markirt, dann erscheint die Schicht wie aus mehreren neben und über-

einander geschichteten Prismen aufgebaut; ein Verhalten, welches gleichfalls die Structur der quergestreiften Muskelsubstanz in Erinnerung bringt.

Die Tunica intima schmiegt sich allen Erhabenheiten und Vertiefungen
der epithelialen Auskleidung auf das innigste an. Sind an irgend einer
Stelle des epithelialen Belags die Zellen desselben durch breite Spatien von
einander geschieden, dann senkt sich auch die Tunica intima in die Ein-
schnitte ein, ja sie dringt, wenn der Einschnitt sehr tief ist, bis an die Tunica externa heran.

b) In anderer Weise gestaltet sich das Bild der Epithelschicht an
Darmstücken im Zustande der Contraction. Die Protoplasmaschicht ist
um ein Vielfaches verdickt und in cylindrische oder prismatische, mit Ker-
nen versehene Protoplasmastücke — die bekannten Cylinderzellen — abgetheilt.

Die Beziehungen der Zellen zu einander weisen manche bemerkens-
werthe Eigenthümlichkeiten auf. Wenngleich diese Beziehungen vorzugsweise nur die anatomische Seite unserer Frage betreffen, so glaube ich
dieselben dennoch eingehender behandeln zu müssen, weil dadurch die
im historischen Theile angeführte Controverse über das Verhältniss des
Stäbchenorgans zu den Zellen geklärt wird. In dieser Hinsicht ist vor Allem
Folgendes anzuführen :

Die Cylinderzellen stehen bald dicht gedrängt aneinander, bald sind
sie durch Zwischenräume von verschiedener Breite und Tiefe gegen einander abgegrenzt. An einzelnen Stellen können die Spatien derart breit und
tief werden, dass die Zellen frei, etwa wie die Dünndarmzotten der Säugethiere, in das Lumen des Darmes hineinragen. Besonders lehrreich erweisen
sich die Bilder, wenn die Spatien zwischen den Zellen bis an die Tunica
propria herabreichen. Es divergiren dann die benachbarten Zellen gegen
das Darmlumen zu, wie die Theile eines weit entfalteten Fächers. Hier
kann natürlich von einer Kittsubstanz zwischen den fächerförmig angeord-
neten Zellen des frisch präparirten Darmes keine Rede sein.

Die Tunica intima überzieht die Schicht der Cylinderzellen auch im
contrahirten Darme als eine ununterbrochene Decke. Sie weist aber nunmehr eine geringere Dicke und eine minder ausgeprägte Streifung als im
dilatirten Darme auf; ja die Strichelung entzieht sich sehr oft vollständig
der Sichtbarkeit. An optischen Längsschnitten des Darmrohrs wird man
unter Zuhilfenahme von stärkeren Immersionslinsen des Weiteren gewahr,
wie diese Schicht von einer Zellkuppe in das nächste Spatium herabsteigt,
den Boden desselben überzieht, dann wieder an der anderen Seite empor-
steigt und die nächste Kuppe erklimmt.

Man sieht des Weiteren, dass die Tunica intima ihre grösste Dicke an
den Zellkuppen und etwas unterhalb dieser besitzt, dass ihr Dicken-

messer aber um so kleiner wird, je mehr sie sich dem Fussende der Zelle nähert.

Die Streifung ist nur an den dickeren Stellen der Tunica intima, also an den Zellkuppen und etwas unterhalb dieser zu beobachten.

Diese Beobachtungen lehren, dass die Tunica intima sich allen Erhöhungen und Vertiefungen der Epithelschicht innig anlegt, so dass eine jede Cylinderzelle von der Tunica intima geradezu einen Überzug erhält. Dieser von der Tunica intima gebildete Überzug entspricht der Zellmembran, die verdickte und gestreifte Stelle desselben an der Zellkuppe dem Basalsaume oder Stäbchenorgane der Histiologen.

Unter Benutzung dieser Erfahrung wird es uns möglich, an den differenten Angaben der Histiologen über das Verhältniss des Stäbchenorgans zu den Zellen Kritik zu üben. Der einen Meinung zufolge (Lambl[1], Thanhoffer[2])) soll das Stäbchenorgan einer marginalen Verdickung an der freien Oberfläche der Zellen entsprechen. Dieser Angabe kann ich keineswegs beipflichten.

Eine andere Angabe (Wittich[3])) sagt aus, dass das Stäbchenorgan eine zusammenhängende, einheitliche Schicht bilde, welche den Cylinderzellen aufliege.

Diese Angabe correspondirt, wie man sieht, mit meinen Befunden. Denn an jenen Orten des contrahirten Darmes, an welchen die Zellen dicht aneinander stehen und von gleicher Höhe sind, werden die verdickten Stellen der Tunica intima an den Kuppen der Zellen dicht nebeneinander zu stehen kommen und somit wie eine einheitliche Schicht imponiren.

Die Beobachtung, dass die Stäbchenorgane den Anschein einer einheitlichen Schicht erwecken können, ist also auch am lebenden Thiere zu bestätigen; nicht aber die Schlussfolgerungen, die man aus dieser Beobachtung abgeleitet hat, die Folgerung nämlich, dass die Stäbchenorganschicht coagulirter Schleim sei.

Eine dritte, und zwar die am meisten verbreitete Meinung geht endlich dahin, dass die Stäbchenorgane keine einheitliche Schicht, sondern eine aus mehreren vollständig von einander getrennten, polygonalen Stücken bestehende Lage darstellen, und dass je eines dieser Polygone einer Cylinderzelle zukomme.

Diese Angabe bedarf nach einer Richtung hin einer Correctur. Die einzelnen Stäbchenorgane erscheinen nur, von oben besehen, als vollständig von einander getrennte Gebilde. Die Untersuchung von Profilbildern lehrt, dass die Stäbchenorgane nur Verdickungen einer einheitlichen Schicht — (der Tunica intima der Zoologen) — entsprechen.

---

1) Wiener Medic. Wochenschrift 1859. — 2) l. c. — 3) Virch. Arch. Bd. XI. 1857.

Bei der Untersuchung mit starken Linsen (1800 linear) bemerkt man auch in dem Leibe der Cylinderzellen eines contrahirten Darmstückes ein äusserst zartes Netzwerk, dessen Bälkchen zum grössten Theile mit der Längsachse der Zellen gleichgerichtet verlaufen. Demzufolge erscheint der Zellleib longitudinal gestreift.

Wählte ich zur Untersuchung eine jener Stellen, an welchen die Streifung der Tunica intima klar wahrzunehmen war, dann sah ich, dass die Bälkchen des Zellleibes direct in die Stäbchen der Tunica intima übergingen. Ich habe mich von diesem directen Übergange der Bälkchen in die Stäbchen an der Zellkuppe wiederholt und mit aller Sicherheit überzeugen können. Ich kann demgemäss der fast allgemein vertretenen Meinung, die Stäbchenorgane seien den Zellen aufgelagerte Deckel, keineswegs beipflichten. Die Stäbchen des Basalsaumes und das intracelluläre Balkenwerk bilden vielmehr ein organisches Ganze.

Das Netzwerk im Leibe der Cylinderzellen ist gleich dem in den linsenförmigen Zellen des dilatirten Darmes in beständiger Bewegung begriffen. Eine Besonderheit pflegt nur darin zu bestehen, dass die Bewegungsvorgänge in den Zellen des contrahirten Darmes um ein Mehrfaches lebhafter ablaufen. Es kamen mir wiederholt Zellen zur Beobachtung, in denen die Änderung der inneren Zellstructur, besonders an den Kuppen der Zellen, derart lebhaft war, wie man sie sonst nur an den fein granulirten Blutkörperchen der Amphibien zu sehen bekommt.

Der Kern der Cylinderzellen erscheint zumeist grösser und etwas mehr von der Tunica propria entfernt, als in den Zellen des dilatirten Darmes. Das innere Gefüge desselben ändert sich gleichfalls unter den Augen des Beobachters; nicht selten wird man auch deutliche Änderungen in der Form desselben gewahr.

In einzelnen Fällen konnte ich bei länger andauernder Beobachtung ausser den Veränderungen des inneren Baues der Zellen und ihrer Kerne auch leichte, aber deutlich erkennbare Änderungen der äusseren Contouren der Zellen wahrnehmen. Diese Änderungen (am besten an den höheren Cylinderzellen ausgeprägt) treten bald als seichte Einkerbungen an irgend einer Stelle des äusseren Contours, bald als Änderungen in der Rundung des freien Zellendes in Erscheinung.

4) Die Tunica intima steht in der Regel mit dem Darminhalte in unmittelbarem Contacte. Nur in vereinzelten Fällen sah ich, dass auf derselben eine dünnere structurlose Chitinhülle von rothbrauner Farbe aufgelagert war. Dem Chitinüberzuge kommt aber ohne Zweifel die Bedeutung eines accessorischen Gebildes zu. Man findet bald kleinere, bald grössere Bruchstücke desselben fast stets dem Darminhalte beigemengt. Wenn die grösseren Fragmente sich zufällig der Tunica intima innig anschmiegen, dann sieht es aus, als ob die Tunica intima einen Überzug von Chitin trage.

Allem Anscheine nach stammen aber diese Fragmente von dem Chitinüberzuge der oberen Nahrungswege ab, von wo sie möglicherweise durch
die peristaltischen Bewegungen in den Darm getrieben worden sind.
Über den Darm von der Larve der Stubenfliege habe ich nur Weniges
zu berichten. Er lässt in seinem Bau denselben Grundzug erkennen, wie
der Darm des entwickelten Insectes. Hervorheben will ich nur, dass das
Darmrohr der Larve in allen seinen Dimensionen kleiner ist. Dement-
sprechend sind auch die histiologischen Elemente desselben kleiner als bei
dem entwickelten Insecte.

IV. Veränderungen des frei präparirten, lebenden Darmes nach elektrischer Reizung.

Die Vorgänge, von welchen ich jetzt sprechen werde, gelangen nur
dann klar und deutlich zur Beobachtung, wenn die Versuche an möglichst
frischem Darme ausgeführt werden.

Der Darm der Insecten büsst seine Erregbarkeit elektrischen Reizen
gegenüber selbst bei der sorgsamsten Präparation ungemein schnell ein.
Es thut daher bei der Beschaffung der Präparate vor allem Eile Noth.

Um dieser Anforderung zu genügen, musste ich meine Versuchsappa-
rate derart einrichten, dass ihre Handhabung mit einem möglichst geringen
Zeitverluste verbunden war.

Ich bediente mich behufs elektrischer Reizung einer mit zwei Staniolstreifen (als Stromgeber) versehenen Objectplatte aus dickem Spiegelglase[1].
Als Batterie benutzte ich vier grosse Chromsäureelemente, und die Inductionsströme entnahm ich einem kleinen Schlittenapparate, wie sie in der
Praxis der Vivisectoren üblich sind.

Die Reizung habe ich, wie folgt, ausgeführt. Der Darm wurde nach
der angegebenen Weise auf der Objectplatte präparirt und derart zurecht
gelegt, dass er die zwischen den beiden Staniolstreifen vorhandene Spalte
überbrückte. Hierauf brachte ich die Platte auf den Mikroskoptisch, stellte
die Leitung her und suchte bei 300facher Vergrösserung ein Darmstück
auf, das sich im Zustande der Dilatation befand. Die Bedeckung des Präparates mit einem Deckgläschen muss unterlassen werden.

Das ganze Verfahren nimmt bei einiger Übung kaum 20 Secunden in
Anspruch.

---

1) Das dicke Spiegelglas ermöglicht durch seine Schwere eine genügende Fixation
der Objectplatte auf dem Mikroskoptische.

Wird nun der primäre Strom geschlossen, so dass die inducirten Wechselströme bei vollständig zusammengeschobenem Schlitten in das Präparat einbrechen, so wird man Folgendes gewahr.

Die Ringmusculatur des Darmes zieht sich zusammen und schnürt den Darm wie mit breiten Bändern ein. Dabei werden die Muskelzellen der Ringschicht um ein Beträchtliches dicker und kürzer. Gleichzeitig geht an den Epithelzellen eine merkwürdige Veränderung vor sich. Mit dem Eintreten des Stromes oder nach einer kurz währenden Latenz fangen die Zellen an, zu cylindrischen Körpern anzuschwellen, schieben sich gegen die Lichtung des Darmes immer mehr und mehr vor, und dieser Vorgang hält so lange an, bis die Lichtung des Darmes vollständig geschwunden ist. Während die Zellen sich vergrössern, schieben sie die Tunica intima vor sich her. Dieselbe nimmt dabei an Dicke ab, die Streifen in ihr treten immer 'mehr auseinander, die Strichelung wird weniger deutlich und entzieht sich endlich vollständig der Sichtbarkeit. Immer aber bleibt dabei die Tunica intima in dem innigsten Contact mit der Epithelschicht, so dass alle von den Zellen gebildeten Erhebungen und Vertiefungen von ihr überzogen werden. Kurz es kommen hier dieselben Bilder zur Erscheinung, wie sie früher am contrahirten Darme beschrieben worden sind.

Hat der Reiz nicht länger als 3—4 Secunden angehalten, so kehren der contrahirte Darm und seine Epithelien in die ursprüngliche Lage zurück. Die Einschnürungen der Darmwand gleichen sich nach und nach aus, die Cylinderzellen nehmen successive an Höhe ab, bis sie nahezu ihre frühere Gestalt angenommen haben. Die Tunica intima nimmt wieder an Dicke zu und ihre Streifung tritt deutlicher hervor.

Ein anderes bemerkenswerthes Verhalten zeigen die gereizten Epithelzellen bei der Untersuchung mit starken Immersionslinsen (1800 linear.)

Um derlei Untersuchungen ausführen zu können, ist es nothwendig, das Darmpräparat mit einem Deckgläschen zu bedecken. Damit wird aber eine Versuchsbedingung eingeführt, welche dem Gelingen des Reizversuches einen bedeutenden Eintrag thut.

Die Contractionen des Darmes fallen jetzt sehr oft, allem Anscheine nach durch den Druck des Deckglases nämlich um vieles geringer aus, oder treten gar nicht ein. Nur in einzelnen Fällen reagirt der Darm in erwünschter Weise.

In solchen Fällen konnte ich nun mit voller Bestimmtheit sehen, dass mit dem Beginne der Reizung zuerst die Kuppen der Zellen grösser werden. Von da ab pflanzt sich die Vergrösserung allmählich bis an das Ansatzende der Zellen fort.

Gleichzeitig mit dem Anschwellen der Zellen nimmt die Bewegung der intracellularen Netze an Lebhaftigkeit zu. Dasselbe gilt auch von den

Zellkernen. Auch diese schwellen an und zeigen intensivere Veränderungen ihrer inneren Structur, sowie ihrer äusseren Configuration.

Ist die eingestellte Zelle nach Ablauf der Reizung im Rückgang zu ihrer ursprünglichen Form begriffen, dann verkleinert sich zuerst die Kuppe derselben, gleichzeitig werden die Bewegungen des Netzes in derselben träger. Die Maschen derselben verkleinern sich immer mehr und mehr, bis sie vollends unsichtbar werden. Die Kuppen erscheinen dann homogen und nehmen einen grösseren Glanz an. Von den Kuppen schreiten die Veränderungen während der Verkleinerung der Epithelien — ebenso wie dies bei der Vergrösserung der Fall war — gegen das Fussende der Zellen vor.

Gleichzeitig mit dem Abschwellen der Zellen geht auch eine Verkleinerung der Zellkerne einher. Dabei rücken die Kerne wieder näher an die Membrana propria heran.

Die hier geschilderten Vorgänge gelangen in gleicher Weise bei Reizung des Darmes von Fliegenlarven zur Beobachtung.

V. Einwirkung von Reagentien auf den frei präparirten lebenden Darm.

1) Vor Allem glaube ich hier der Einwirkung einer 0,3% Kochsalzlösung auf den frisch präparirten Fliegendarm erwähnen zu müssen. Ich habe oben angeführt, dass die elektrische Reizung des Darmes oft genug ohne Erfolg bleibt.

Weit präcisere Resultate erzielte ich, wenn ich den mit einem Deckgläschen bedeckten Darm durch Zufliessenlassen einiger Tropfen jener Kochsalzlösung gereizt habe. In dem Augenblicke, in welchem die Kochsalzlösung mit einem dilatirten Darmstücke in Contact geräth, zieht sich dieses wie bei der Tetanisirung plötzlich zusammen, die Muskelfasern der Ringschicht verdicken und verkürzen sich, und die Epithelien schwellen mächtig an.

Nach einer geraumen Zeit dehnt sich der Darm wieder aus, und die cylindrischen Epithelzellen wandeln sich wieder in dünne, linsenförmige Gebilde um.

Erzeugte ich jetzt (durch Anlegen eines Streifens Filtrirpapier an den Rand des Deckglases) einen Strom im Präparate, so trat neuerdings eine Contraction mit nachfolgender Dilatation des Darmes ein.

Diese Erfahrung erweckte in mir die Vermuthung, ob die Einwirkung der Kochsalzlösung etwa nicht auf einen mechanischen Grund, vielleicht auf den Anprall der Flüssigkeit an die Darmwand zurückzuführen sei. Ich konnte aber trotz vieler Controlversuche keine Klarheit darüber gewinnen.

2) Eine andere Wirkung äussert der Zusatz einer 5 % Atropin-lösung. Das Reagens bewirkt Dilatation des contrahirten Darmes und Abschwellen seiner Epithelzellen. Die Wirkung der Atropinlösung ist somit der der Kochsalzlösung entgegengesetzt.

Die Manipulation mit diesem Reagens erheischt aber gewisse Vorsichts-massregeln.

Die Atropinlösung hat, wenn ihr Zufluss zu dem präparirten Darme rasch erfolgt, nicht Dilatation, sondern häufig Contraction des Darmes zur Folge. Als den wahrscheinlichsten Grund hiervon kann man wohl eine mechanische Reizung der Darmwand durch den Anprall der Lösung annehmen. Denn es liegt in der Hand des Experimentators, die mechanische Reizung zu eliminiren, indem er das Agens langsam zuströmen lässt. Zu diesem Behufe wird ein Rand des Deckglases bis auf eine Stelle von der Grösse eines Nadelstiches mit geschmolzenem Wachse bestrichen und auf die frei gebliebene Stelle ein Tropfen jener Lösung gebracht. Es ist für den Versuch sehr förderlich, wenn man das Präparat derart einrichtet, dass jene Zuflussöffnung möglichst nahe an dem Darme sich befindet.

Wird der Versuch in dieser Weise ausgeführt, dann fällt die Contraction des Darmes aus und es tritt regelmässig eine mächtige Erweiterung ein, wenn das Reagens ein contrahirtes Darmstück trifft.

Dieses Experiment könnte nun folgende Deutung erfahren. Die Atro-pinlösung könnte in den Darm eingedrungen sein und dadurch den Darm passiv erweitert haben.

Ich kann aber diese Deutung nicht begünstigen. Denn die Atropin-reaction ging auch dann von statten, wenn ich beide Enden des präparirten Darmes verschloss und dann das Reagens zufliessen liess.

Den Versuch habe ich, wie folgt, ausgeführt.

Es wird ein Darmstück, dessen Länge die des Deckglases um Etwas übertrifft, auf einen Objectträger gebracht, hierauf das Deckglas derart auf das Präparat gelegt, dass die beiden Endstücke des Darmes unbedeckt bleiben, und nun werden die beiden Enden des Darmes durch aufgetropftes Wachs verschlossen. Setzt man jetzt unter den angegebenen Cautelen den Darm der Atropineinwirkung aus, so treten die Dilatation und die sich daran knüpfenden Veränderungen der Epithelien nach wie vor ein.

Der durch die Einwirkung von Atropin dilatirte Darm ist keineswegs als abgetödtet anzusehen. Denn die Tetanisirung desselben ruft in vielen Fällen Contraction und Schwellung der Epithelien hervor. Wir erblicken hier somit ein analoges Verhalten, wie bei den mit Atropin vergifteten

Drüsenzellen der Nickhaut des Frosches, welche trotz der Atropinvergiftung
auf directe Reize hin sich vergrössern.

Beiläufig will ich hier erwähnen, dass während der Dilatation des Darmes
nach Atropinzusatz die Muskelfasern der Längsschicht sich verdicken und
verkürzen. Es kann demgemäss keinem Zweifel unterliegen, dass die Längsmusculatur des Darmes bei der Erweiterung einen thätigen Antheil nimmt.

VI. Beobachtungen des Darmes im Körper lebender Thiere.

Die Untersuchungen, von denen ich jetzt sprechen werde, sind zum
grössten Theile an lebenden Larven der Stubenfliege ausgeführt worden.
Die Züchtung der Larven habe ich in folgender Weise vorgenommen.

In ein hölzernes Kästchen, dessen Boden mit nassen Sägespänen bedeckt
ist, werden enthäutete Frösche, welche bereits in Fäulniss übergegangen
sind, gelegt. Von Zeit zu Zeit werden die von den Fliegen auf das faulende
Fleisch gelegten Eier gesammelt und auf frisches Froschfleisch gebracht.
Dasselbe wird hierauf in eine grössere, gut verschliessbare Glasschale gelegt. Die Übertragung der Eier auf frisches Fleisch habe ich, wie schon
angegeben wurde, aus dem Grunde vorgenommen, um Larven mit farblosem
oder doch schwach gefärbtem Darminhalte zu erhalten. Vierundzwanzig
Stunden, nachdem die Eier gelegt wurden, kriechen die Larven aus den
Eiern hervor.

Man bringt nun eine 48 Stunden alte Made auf einen gewöhnlichen
Objectträger, bedeckt dieselbe mit einem grösseren Deckglase und setzt an
den Rändern desselben einige Tropfen Wasser derart zu, dass das Deckglas
eben an den Objectträger durch Adhäsion fixirt wird. Ein Contact der
Larve mit dem Wasser ist bei Beobachtungen, welche längere Zeit andauern
sollen, womöglich zu vermeiden. Ein kurzwährender Aufenthalt in Wasser
schädigt hingegen die Larve nicht.

Der von dem Deckglase auf die Larve ausgeübte Druck darf nur
so gross sein, dass eben nur die Kriechbewegungen derselben gehindert
werden. Man kann übrigens durch Absaugen von Wasser mit Filtrirpapier
einen geringen Druck vergrössern oder durch erneuerten Wasserzusatz
einen grossen Druck kleiner machen. Solchermaassen vorbereitete Thiere
können mit Immersionslinsen von 2000facher Vergrösserung in allen Tiefen
ihres Körpers ganz bequem durchmustert werden.

Die Untersuchung dieser Thierchen lehrt nun, dass die Veränderungen
des Epithels, welche sich an die künstlich herbeigeführte Contraction und

Dilatation des frei präparirten Darmes knüpfen, auch in lebenden Thieren ohne jede künstliche Reizung eintreten. Je weniger Zeit die Anfertigung des Präparates erfordert hat, um so schöner das Phänomen. Die Contractionen des Darmes erfolgen dann rasch auf einander und sind von solcher Mächtigkeit, dass das Darmlumen vollständig verschwindet.

Jede dieser mächtigen Contractionen hat ein Anschwellen und jede darauf folgende Dilatation ein Abschwellen der Epithelzellen im Gefolge. Dabei wird der Darminhalt mit rapider Geschwindigkeit bewegt. Die Richtung, in welcher sich derselbe bewegt, ist keineswegs immer die gegen das Darmende hin. Es ist vielmehr die Regel, dass die Contenta des Darmes auf und ab getrieben werden. Die Antiperistaltik ist somit bei diesen Thieren ein regelmässiges Vorkommniss, und sie ist es, welche bei der enormen Geschwindigkeit, mit welcher die Contractionen kommen und vergehen, einen länger währenden Contact des Darminhalts mit der inneren Darmwand ermöglicht. Ohne die antiperistaltischen Bewegungen würde die genossene Nahrung mit grosser Geschwindigkeit durch den Thierkörper gejagt werden.

Hält die Zwangslage des Thieres längere Zeit an, dann werden die Contractionen seltener und schwächer, die Vergrösserung der Epithelien wird geringer, die Lichtung des Darmes nimmt nur um Weniges ab. Lüftet man das Deckglas etwas, indem man neuerdings Wasser zusetzt, so gelingt es wieder, den Darm für kurze Zeit in Bewegung zu bringen. Allerdings treten dann die geschilderten Erscheinungen minder deutlich zu Tage, als zu Beginn der Untersuchung.

VII. Beobachtungen an Entozoen aus dem Darme von Rana esculenta.

Weit schöner als in Fliegenlarven äussern sich die in Rede stehenden Bewegungsvorgänge am Darme eines Entozoon, das in dem Darmkanale von Rana esculenta lebt.

Dasselbe gehört in die Familie der Distoma und ist aller Wahrscheinlichkeit nach Distoma cygnoides. Kleinere, nicht trächtige Exemplare können in einem Tropfen Darmschleim nach Bedeckung mit einem Glasplättchen mit den stärkeren Linsensystemen untersucht werden. Die grosse Durchsichtigkeit des Thieres und die nahezu physiologischen Bedingungen, unter welchen das Thier sich während der Untersuchung befindet, ermöglichen nicht nur eine bequeme, sondern auch eine langandauernde Beobachtung.

Der Darmkanal theilt sich bei diesem Thiere am vorderen Körperende in zwei Äste, welche einen ungemein einfachen Bau zu erkennen geben. Jeder der Äste besteht aus einer zarten Membrana propria und einer auf ihr nach innen zu liegenden Protoplasmaschicht. Die letztere stellt sich immer als eine zusammenhängende, bald grob, bald feiner gekörnte Masse dar. Eine Auftheilung derselben in Zellen habe ich niemals gesehen. Kerne und Stäbchenorgane sind gleichfalls nicht zu sehen.

Der Darm war fast in allen untersuchten Thieren in rhythmischer Bewegung begriffen, er zog sich zusammen und dehnte sich wieder aus. Mit jeder Contraction schwoll der protoplasmatische Belag an und bei jeder Dilatation wieder ab. Dieses Spiel lässt sich stundenlang in ungeschwächter Intensität beobachten.

Einigemal sah ich (es war dies zumeist bei lange währenden Beobachtungen der Fall), wie sich an einer scharf umschriebenen Stelle Stücke der Protoplasmaschicht ablösten und in die Darmlichtung fielen.

Aus diesen Beobachtungen ist zu ersehen, dass der Vorgang der Contraction und Dilatation am Darme der Würmer vollständig analog dem des Insectendarmes sich abspielt.

Diese Beobachtungen geben uns aber ausserdem noch einige Aufschlüsse, welche vom Standpunkte der vergleichend-anatomischen Forschung unser Interesse verdienen.

Sie lehren, dass ein Darmrohr, an welchem keine contractilen Fasern sichtbar sind, nichsdestoweniger Contractionen ausführen kann. Sie lehren überdies, dass ein Darm ohne Epithelzellen, ohne Zellkerne und ohne Stäbchenorgane seiner physiologischen Function vollständig genügen kann.

Da das Princip, nach welchem der Darm dieser Thiere aufgebaut ist, so weit meine vergleichend-anatomischen Untersuchungen reichen, sich als das einfachste in der Thierwelt kundgibt, kann des Weiteren gefolgert werden, dass mit einer Membrana propria und einer dieselbe überziehenden Protoplasmamasse jene Einrichtungen gegeben sind, durch welche der Darm die Eignung erhält, die ihm im lebenden Organismus zufallende Arbeit zu verrichten.

VIII. Analogien zwischen dem Insecten- und Wirbelthier-darme.

Der Darmkanal von Rana esculenta und von Triton crist. führt unter geeigneten Umständen Contractionen und Dilatation mit den entsprechen-den Veränderungen seiner Epithelzellen aus, und zwar führt er sie in eben derselben Weise aus, wie ich dies am Darme der Insecten beobachtet habe.

Die Bedingungen, welche diese Beobachtungen ermöglichen, sind für jedes der genannten Thiere nicht ganz die gleichen.

1) Frösche.

Ich injicirte Fröschen 4—5 Stunden vor der Untersuchung durch ein dünnes, in den Magen eingeführtes Kautschukröhrchen 0,8 Kubikcenti-meter Milch. Der Zweck der Injection ist, die Schleimhaut des Dünndarmes succulent zu machen und dadurch die Anfertigung von Präparaten, von welchen gleich gesprochen werden wird, zu ermöglichen.

Wenn ich nun an die Untersuchung ging, machte ich das Thier durch Ausbohrung von Gehirn und Rückenmark immobil, eröffnete das Abdomen, schnitt ein prall gefülltes Stück von Dünndarm aus und spaltete es auf einer Glastafel der Länge nach.

Ich kappte nun mit einer kleinen, scharf geschliffenen Hohlscheere eine der Schleimhautfalten, welche, wie bekannt, beim Frosche die Stelle der Zotten einnehmen, ab, breitete sie vorsichtig in einem Tropfen des Darm-inhalts auf einem Objectträger aus und bedeckte das Präparat mit einem Deckgläschen.

Schon bei einer oberflächlichen Besichtigung des Präparates mit schwachen Linsen bemerkte ich an verschiedenen Stellen der Falte ver-schieden hohe Cylinderzellen. Erdmann hat, wie ich früher mitgetheilt habe, eine ähnliche Beobachtung gemacht. Ich suchte nun bei einer 300-fachen Vergrösserung einen klaren optischen Längsschnitt des Epithelsau-mes auf und stellte eine solche Stelle desselben ein, an welcher die Zellen von mittlerer Höhe und nicht becherartig geformt erschienen.

Nach Verlauf von 15—20 Minuten nahm ich unter Zuhilfenahme eines Ocularmikrometers wahr, dass die Höhe des epithelialen Saumes um ein Viertel, bis ein Drittel ihrer Höhe abgenommen hat.

Betupfte ich nun das Deckglas mit einer Zupfnadel in einer Weise, dass das Darmpräparat eben erschüttert wurde, so wuchs die Höhe des Saumes im Verlaufe von etwa 2 Minuten zu ihrer ursprünglichen Grösse an und wurde nach einiger Zeit abermals geringer.

Die Erfolge der mechanischen Reizung sind indessen nicht in allen Fällen gleich ausgefallen. Oft bewirkte die Betupfung des Präparates ein Anwachsen der Zellen bis zum Dreifachen ihrer ursprünglichen Höhe. Dabei nahmen die Zellen, indem sie sich immer mehr verdickten, die Gestalt unregelmässiger länglicher Klumpen an, ohne jemals nach Sistirung des Reizes auf ihren anfänglichen Zustand zurückzukehren.

Gleichwie die mechanische Reizung wirkt auch die Tetanisirung auf das frisch zugerichtete Darmpräparat.

Der Reizversuch wird in der früher angegebene Weise ausgeführt. Nur empfiehlt es sich, da die Epithelzellen des Frosches durch lang andauernde oder durch starke Ströme zerstört werden, die Intensität der letzteren zu verringern. Bei einem Schlittenabstande von 8—15 Centimetern hat sich bei frisch eingefangenen Frühjahrsfröschen eine Reizdauer von 1 Secunde am besten bewährt. Sowie die Inductionsströme in das Präparat einbrechen, zog sich die Schleimhautfalte zusammen und die Epithelzellen nahmen an Höhe zu. Diese Wirkung trat zuweilen, wie gesagt, unmittelbar nach dem Einbrechen des Stromes ein. In anderen Fällen aber verging zwischen Reiz und Wirkung ein Zeitraum von mehreren Secunden.

Die durch die Tetanisirung vergrösserten Zellen kehren in den meisten Fällen im Verlaufe von 2—5 Minuten wieder fast zu ihrer ursprünglichen Grösse zurück.

Hat man die Reizung zu lange einwirken lassen, dann schwellen die Zellen mächtig und rasch an und wandeln sich, wie nach intensiver mechanischer Reizung, in unregelmässige Massen um. Sind die Zellen einmal soweit verändert, dann ist eine Verkleinerung ihres Zellleibes nicht mehr zu beobachten.

Die Untersuchung mit starken Immersionslinsen ergibt nahezu dieselben Resultate, wie ich sie früher bei Besprechung des Insectendarmes mitgetheilt habe. Die Zellen ändern ihre innere Structur, während der Reizung schneller, nach der Reizung langsamer. Die Vergrösserung der Zellen beginnt gleichfalls an den Kuppen derselben.

Da die Kuppen der Zellen bei der Anschwellung durchsichtiger werden, so sind die Umrisse derselben bei Benutzung starker Linsen besser zu sehen als bei schwächeren Linsen. Sowie aber die Zellen zu ihrer ursprünglichen Form zurückkehren, werden die Contouren der Kuppe immer deutlicher, bis sie endlich auch mit schwachen Objectiven sehr gut gesehen werden können.

Die Zellen des Froschdarms verkürzen sich also gleichfalls zuerst an den Kuppen.

Die Stäbchenorgane oder Basalsäume sind bis auf geringe Unterschiede in ihrer Structur der Tunica intima der Insectes analog. Es reicht aber beim

Frosche die Streifung des Stäbchenorgans nicht bis auf die Seitenflächen der Zelle herab und überdies ist die Streifung bei dem Frosche dichter und feiner als bei der Stubenfliege. In einem Punkte zeigt aber der Frosch dem Insectendarme gegenüber eine auffällige Besonderheit.

Ich habe oben erwähnt, dass die Epithelzellen im dilatirten Insecten-darme dünne linsenförmige Körper darstellen. Zellen dieser Art lassen sich im Froschdarm nicht nachweisen. Hier hat man es immer mit hohen cylindrischen oder kegelförmigen Körpern zu thun. Ich werde aber später bei Besprechung des Tritondarmes zeigen, dass dieser Differenz keines-wegs eine erhebliche Bedeutung zukommt.

Aus den hier mitgetheilten Beobachtungen folgt des Weiteren, dass die Angaben Thanhoffer's, die Epithelzellen des Froschdarmes seien Flimmer-zellen, deren Cilien pfeilförmige Bewegungen ausführen, in meinen Unter-suchungen keine Stütze finden. Es ereignet sich wohl zuweilen, dass man hie und da einzelnen Flimmerzellen oder Gruppen derselben mitten unter den Dünndarmepithelien begegnet. Aber diese Flimmerzellen stammen, wie ihre Form und die Bewegung ihrer Cilien zweifellos darthun, aus dem Pharynx oder Oesophagus des Frosches.

Am häufigsten sind diese Zellen in Darmpräparaten jener Thiere anzu-treffen, denen man behufs künstlicher Fütterung Kautschukröhrchen in den Magen eingeführt hat. Bei dieser Manipulation werden Flimmerzellen von ihrer Unterlage abgerissen und vielleicht durch den Schlag der intacten Flimmerzellen in den Darmkanal getrieben.

Andererseits scheinen sich Flimmerzellen auch, ohne dass die Schleim-haut der Mundhöhle oder des Oesophagus irgend einem mechanischen Insulte ausgesetzt worden wäre, aus freien Stücken abzulösen und in den Darm zu gerathen.

Flimmernde Darmepithelien habe ich aber niemals — auch nicht bei der Untersuchung nach der Methode Thanhoffer's gesehen.

2. Triton cristatus.

Ich komme nun zur Besprechung der Verhältnisse am Darme des Tri-ton cristatus.

Die am Froschdarm angestellten Versuche lassen sich wohl im Grossen und Ganzen, wenn auch nicht so schön, auch am Darme des Triton aus-führen. Nichtsdestoweniger muss ich hier eines Versuches am Triton be-sondere Erwähnung thun, weil durch denselben die am Froschdarme ge-wonnenen Ergebnisse eine nothwendige Ergänzung erfahren.

Ich habe die Erfahrung gemacht, dass der Darm vom Triton, des Be-sonderen von kleineren Exemplaren, eine weit grössere Reizbarkeit als der

Froschdarm besitzt, und dass diese Reizbarkeit geraume Zeit nach dem Tode des Thieres sich ungeschwächt erhält. Wenn ich aus einem getödteten Triton ein Stück Dünndarm ausschnitt, dasselbe auf einen Objectträger breitete und mit einem zweiten Objectträger bedeckte, dann konnte ich entweder gleich nach Anfertigung des Präparates oder erst nach 15—30 Minuten, freiwillige Contractionen an dem Präparate beobachten.

Zog sich das Präparat energisch zusammen, dann sah ich schon bei einer 70fachen Vergrösserung, dass bei jeder Contraction des Darmrohres und der Schleimhautfalten desselben die Epithelzellen an Höhe zunahmen und bei jeder Dilatation sich verkürzten, und zwar derart, dass aus jeder Cylinderzelle ein würfelförmiger Körper wurde.

Durch diese Beobachtung war der Beweis, dass auch bei den Wirbelthieren die Epithelzellen im Zustande der Dilatation des Darmes viel niedriger sein müssen, als im contrahirten Darme, schärfer gewonnen, als es beim Frosche der Fall war.

Der ausgeschnittene Froschdarm ist eben nicht in einem so hohen Grade reizbar und seine Reizbarkeit erlischt viel rascher als die des Tritondarmes. Der Froschdarm ist des Weiteren viel dicker als der Tritondarm und kann somit nicht wie der letztere in toto untersucht werden. Die bei dem Froschdarme nothwendige Abkappung der Schleimhautfalten wirkt allem Anscheine nach als ein intensiver mechanischer Insult auf die Zellen ein. Kein Wunder, wenn die Zellen des Froschdarmes andere Verhältnisse zeigen, als die des nahezu unverletzten Tritondarmes.

Es muss demzufolge geschlossen werden, dass die Contraction und Dilatation des Darmes bei den genannten Wirbelthieren in analoger Weise wie am Insectendarme sich vollziehen.

IX. Über das Verhältniss der Volumsänderungen der Epithelzellen zur Contraction und Dilatation des Darmrohrs.

Es wurde im Voranstehenden wiederholt erwähnt, dass die Vergrösserung der Epithelzellen mit der Contraction, die Verkleinerung derselben mit der Dilatation des Darmkanals einhergeht.

Diese Erfahrung könnte nun zu der Vermuthung leiten, dass das Höherwerden der Zellen von der Verkleinerung der Darmoberfläche, das Kleinerwerden aber von der Vergrösserung der Darmoberfläche unmittelbar abhängig sei. Dem ist aber nicht so.

Es ereignet sich nämlich oft, dass man bei der Untersuchung des Darmes von Fliegen auf Stellen stösst, an denen der Darminhalt zu einer festeren Masse eingedickt ist. Während der elektrischen Reizung einer solchen Stelle konnte ich nun sehen, dass der Darm sich zwar zusammenzieht, die Contraction ist aber nur sehr gering und der feste Darminhalt rührt sich nicht vom Platze.

Die Epithelzellen vergrösserten sich aber trotz der mangelhaften Contraction und drängten dabei, da durch die Unbeweglichkeit des Darminhalts nicht genügend Raum vorhanden war, die Darmwand nach aussen, so dass die Contraction des Darmes in eine Dilatation umschlug.

Diese Beobachtung lehrt somit, dass einerseits mangelhafte Zusammenziehung, andererseits sogar Erweiterung des Darmes unter gewissen Bedingungen von Zellvergrösserung begleitet ist. Diese Beobachtung lehrt des Weiteren, dass die Zellen bei ihrer Vergrösserung mechanische Arbeit zu leisten im Stande sind. Denn die Erweiterung des Darmrohres geschah hier passiv dadurch, dass die sich vergrössernden Zellen an dem festen Darminhalt ein Widerlager fanden und die Darmwand nach aussen drängten.

Man kann des Ferneren bei der Untersuchung von lebenden Maden die Beobachtung machen, dass die Grösse der Volumsänderung nicht immer proportional der Grösse der Contraction oder der Dilatation ist. Man kann dies besonders leicht an Larven sehen, bei denen die Contractionen an Zahl und Intensität abzunehmen anfangen. Nicht selten ereignet es sich dann, dass die Zellvergrösserung trotz einer immer noch beträchtlichen Contraction der Wand vollständig entfällt, oder dass vergrösserte Zellen trotz mächtiger Dilatation in ihrem Zustande verharren.

Diese Erfahrungen sprechen wohl zur Genüge dafür, dass, wenn auch die Zellvergrösserung an die Contraction, und die Zellverkleinerung an die Dilatation des Darmes gebunden ist, dennoch die Volumsänderungen der

Zellen nicht ausschliesslich von dem Kleiner- oder Grösserwerden der Darmoberfläche abhängig sein können.

Damit will aber nicht gesagt sein, dass bei der Contraction und Dilatation des Darmes die Zellen nicht auch passiv Formänderungen im Sinne
einer Verlängerung und Verbreiterung erfahren. Man kann im Gegentheile
derlei Veränderungen direct erweisen, aber dieselben sind unzureichend,
um die früher beschriebenen Volumsänderungen der Zellen zu
erklären.

X. Untersuchungen über Diffusionsvorgänge im Insecten-darme.

Es wurde früher im geschichtlichen Theile erwähnt, dass seit den
Untersuchungen Dutrochet's über Diffusion die Hypothese, dass der Darminhalt durch Endosmose in die Chylusgefässe gelange, alle anderen Hypothesen bei Seite gedrängt hatte. In Hinsicht auf den mächtigen Einfluss,
den diese Theorie auf die Lehre der Resorption genommen, schien es mir
geboten, das Verhalten der Darmwand während eines künstlich herbeigeführten Diffusionsstromes direct zu beobachten. Ich hielt derartige Untersuchungen aus dem Grunde für geboten, weil bis zum heutigen Tage nicht
eine einzige directe Beobachtung über Diffusionsvorgänge im Darme vorliegt,
trotzdem die Diffusionshypothese allenthalben eifrige Vertreter gefunden
hat. Die Diffusionshypothese muss bei ihrer grossen Tragweite entweder
widerlegt oder bewiesen werden.

Wir haben gesehen, dass Hoppe-Seyler diese Hypothese sowohl auf
dem Wege der Speculation, als auch durch Versuche über Endosmose er-
folgreich bekämpft hat.

Ich bin nun in der Lage, hinzuzufügen, dass auch die Ergebnisse der
directen Beobachtung der Diffusionshypothese nicht günstig sind.

Ich werde zwar meine Behauptung an dieser Stelle noch nicht vollkräf-
tig beweisen können, weil ich mich hierbei auf Versuche berufen muss,
die erst später zur Mittheilung gelangen können. Was ich aber jetzt schon
darthun will, ist, dass die Vergrösserung der Epithelzellen nicht unbedingt
an endosmotische Vorgänge geknüpft ist.

Ich brachte ein Stück frisch präparirten Fliegendarmes auf einen
Objectträger, deckte es mit einem Deckglase zu und bestrich genau in der
Weise, wie es beim Atropinversuch angegeben wurde, einen Rand des
Deckgläschens bis auf eine kleine Stelle mit Wachs, durch welche ich
einige Tropfen einer dunkel gefärbten wässrigen Methylviolettlösung zum
Präparate langsam zufliessen liess.

Diese Vorsichtsmaassregeln sind aus dem Grunde geboten, weil sonst der Zusatz der Methylviolettlösung zum Darme den letzteren mechanisch reizt, zur Contraction bringt, und weil es hier doch nur darauf ankommt, die Veränderung, welche die Diffusion, und nicht jene, welche die Contraction setzt, zu untersuchen. Es muss daher die Darmcontraction vollständig ausgeschlossen werden.

Die Methylviolettlösung dringt nun bei der angegebenen Arbeitsweise nach und nach bis zum Darmpräparat vor, ohne dass dieses auch nur die leiseste Bewegung ausführen würde.

Nach einer längeren Einwirkung des Methylvioletts sieht man nun, wie sich die Muskelschichten, die Membrana propria und die Epithelzellen successive zuerst lichtblau, dann dunkelblau färben, ohne dass die Zellen ihre Form oder Grösse ändern würden. Verdrängt man den Farbstoff in ebenso vorsichtiger Weise durch Wasser, so entfärben sich die Zellen wieder, abermals ohne eine Veränderung ihrer Configuration. Denselben Versuch kann man am todten Darme, den man in Müller'scher Flüssigkeit conservirt hat, mit demselben Resultate anstellen. Ein Unterschied besteht nur darin, dass sich die Epithelien und Muskelzellen des todten Darmes schneller färben, als die des lebenden Darmes.

Dass wir es hier sowohl bei der Farbstoffaufnahme, wie bei der Farbstoffabgabe mit Diffusionsvorgängen zu thun haben, wird wohl Niemand bezweifeln. Es muss das einemal die Methylviolettlösung, das anderemal Wasser in den Leib der Epithelzellen gedrungen sein, ohne dass sich die Zellen in ihrer Form oder ihrem Volumen wesentlich geändert haben.

Analoge Verhältnisse treten in Erscheinung, wenn man das Methylviolett von der inneren Oberfläche des Darmes auf die Epithelien einwirken lässt. Es fügt sich nämlich oftmals, dass ein Theil des dem Präparate zugesetzten Methylvioletts in die Lichtung des Darmes eindringt. Befindet sich der Darm im Zustande der Dilatation, so wird man gewahr, dass sich die Zellen immer mehr und mehr färben, ohne dabei eine merkliche Formveränderung einzugehen.

Sowie aber der Darm auf den Zusatz der Methylviolettlösung eine Contraction ausführt, alsbald ist auch die Zellvergrösserung da.

Aus diesen Beobachtungen ergibt es sich somit, dass die Zellvergrösserung an die Contraction des Darmes, nicht aber an Diffusionsvorgänge geknüpft ist.

XI. Beobachtungen über die Richtung des Resorptionsstromes.

Es wird von Niemandem bezweifelt, dass der Darminhalt zum Zwecke der Ernährung des Thieres durch die Darmwand hindurch in den Körper des Thieres gelangen muss.

Wie aus der geschichtlichen Darstellung hervorgeht, ist man aber bis zum heutigen Tage über die Mechanik der Resorption vollständig im Unklaren. Als Grund hiervon kann man wohl annehmen, dass man zur Ergründung der Resorptionsfrage den Darm der höchstorganisirten Thiere, der Wirbelthiere, in Untersuchung gezogen hat.

Da nun die Darmschleimhaut der Wirbelthiere ein äusserst complicirtes Organ darstellt und in vivo einer directen Beobachtung unzugänglich ist, sah man sich genöthigt, auf dem Wege der Speculation der Resorptionsfrage beizukommen. Und so kam es denn, dass es nicht ein einziges Gebilde in der Darmschleimhaut gibt, das man nicht in irgend eine Beziehung zur Resorption gebracht hätte.

Anders gestaltet sich die Sachlage, wenn man einen einfach gebauten und zur unmittelbaren Beobachtung geeigneten Darm zum Gegenstande von Untersuchungen macht. Der Darm der Fliege und ihrer Larve leistet diesen Anforderungen im vollen Maasse Genüge. Die Schleimhaut besteht ja bei diesen Thieren, wie schon mitgetheilt wurde, nur aus einer continuirlichen Protoplasmaschicht und einer ihr aufliegenden Hülle, der Tunica intima. Es kann somit schon in Rücksicht auf diesen Bau nicht bezweifelt werden, dass der Darminhalt seinen Weg durch das epitheliale Protoplasma nehmen muss.

Durch die folgenden Versuche wird nun dargethan werden, dass die Epithelzellen thatsächlich Resorptionsapparate vorstellen, Apparate, welche befähigt sind, Stoffe aus dem Darm aufzunehmen und sie an den Körper des Thieres abzugeben.

1) Ich werde zuerst zeigen, dass die Zellen die Fähigkeit besitzen, Flüssigkeit aus dem Darmlumen aufzunehmen.

Ich legte ein frisch präparirtes Darmstück der Stubenfliege auf den mit Electroden armirten Objectträger und sog von der äusseren Fläche des Darmes alle Flüssigkeit mit Filtrirpapier ab.

Ein derart zugerichtetes Präparat zeigt trotz dieses Eingriffes nach Tetanisirung Contraction der Darmwand und eine bedeutende Vergrösserung der Epithelzellen. Die Vergrösserung der Zellen kann nur selbstverständlich durch Aufnahme von Flüssigkeit zu Stande gekommen und die letztere kann nur vom Darmlumen her in die Zellen eingedrungen sein. Denn in diesem Falle stand den Zellen nur die im Darmkanale vorhandene Flüssigkeit zur Verfügung, zumal die innerhalb der Darmwand zurückgebliebene Flüssigkeitsmenge bei der grossen Dünne der Darmwand im Vergleiche zu der Vergrösserung der Epithelzellen kaum in Betracht kommen kann.

Unter geeigneten Umständen gelingt es sogar, das Eindringen der Flüssigkeit aus der Darmlichtung in die Epithelzellen direct zu erweisen.

Ich fütterte nämlich Fliegenlarven 8 Tage hindurch mit Froschfleisch, das mit Methylviolett gefärbt worden war. Das Fleisch wurde in der Weise zugerichtet, dass ich die Schenkel eines eben getödteten Frosches in Stückchen von der Grösse einer Erbse zertheilte und sie dann auf 3 Stunden in eine gesättigte wässrige Lösung von Methylviolett einlegte. Hierauf wird das Fleisch gut ausgedrückt, in eine Glasschale gebracht, auf das Fleisch die Larven gelegt und die Schale verschlossen.

Nach 24 Stunden wird eine Made entzwei gerissen und der Darm auf den mit Electroden versehenen Objectträger gebracht. Hierauf suchte ich eine Stelle auf, an welcher der Darm sich im Zustande der Dilatation befand, und dessen Lumen mit dunkelblau gefärbtem Inhalte erfüllt war. Die Zellen erscheinen an einer solchen Stelle in der Regel mehr oder weniger blau gefärbt. Es kommt aber auch vor, dass man hie und da Zellen begegnet, welche keinen Farbstoff enthalten. Diese Zellen sind es, auf die man besonders zu achten hat. Tetanisirte ich nun das Präparat, so schwollen die Zellen an und färbten sich blau.

Es ist klar, dass die jetzt blau gewordenen Zellen blaue Flüssigkeit enthalten müssen, und diese Flüssigkeit kann nur aus dem Darmkanale stammen.

2) Ich kann des Weiteren zeigen, dass die Epithelzellen von aussen her, auch wenn hier eine genügende Menge von Flüssigkeit vorhanden ist, dennoch keine Flüssigkeit aufnehmen.

Ich habe einer 3—5 Tage alten Fliegenmade mittelst einer möglichst dünn ausgezogenen Glascanüle subcutan verdünntes Methylviolett injicirt. Nach 4—5 Stunden fand ich bei Untersuchung des lebenden Thieres (in toto) bei einer etwa 70fachen Vergrösserung den Farbstoff in der Flüssigkeit, welche die Leibeshöhle des Thieres erfüllt und die in ihr suspendirten Organe umspült, gleichmässig vertheilt.

Wiewohl nun der Darm von dem blaugefärbten Blute allseitig und continuirlich umspült wird, so habe ich doch, so oft ich den Versuch auch anstellen mochte, die Epithelzellen des Darmes immer ungefärbt gefunden.

Die Zellen des Darmes nehmen demnach von aussen her keine Flüssigkeit auf.

3) In folgendem Versuche soll gezeigt werden, dass die geschwellten Epithelzellen bei ihrer Verkleinerung Flüssigkeit abgeben.

Es wird der Darm einer mit blau gefärbtem Fleische gefütterten Made präparirt, mit einem Deckglase zugedeckt und ein contrahirtes Darmstück mit hohen, blau gefärbten Epithelzellen eingestellt. Nun werden einige Tropfen einer 5% Atropinlösung, welche man zuvor mit Methylviolett dunkelblau gefärbt hatte, dem Präparate zugesetzt. Es tritt Erweiterung des Darmes und Abschwellen der Zellen unter theilweiser oder vollständiger Entfärbung derselben ein. Da die zum Versuche verwendete Atropinlösung mit Methylviolett stark gefärbt war, so war ihr jede Möglichkeit genommen, die Zellen auf dem Wege der Diffusion des Farbstoffes zu berauben. Die Entfärbung der Zellen kann demgemäss nicht anders zu Stande gekommen sein, als dadurch, dass die Zellen selbst sich der gefärbten Flüssigkeit entledigten.

4) Es tritt nun an uns die Frage heran, wohin die aus den Zellen verdrängte Flüssigkeit gelangt. Zur Erledigung dieser Frage wäre es von Wichtigkeit gewesen, den Austritt der Flüssigkeit aus den Zellen direct zu beobachten.

Direct habe ich nun diesen Austritt nicht gesehen, aber ich glaube ihn durch ein Experiment erschliessen zu können.

Wenn ich eine Made, nachdem sie mehrere Tage mit blau gefärbtem Fleisch gefüttert worden war, von Zeit zu Zeit in toto untersuchte, so zeigte es sich, dass mit der fortschreitenden Anfüllung des Darmrohres mit blau gefärbten Speiseballen, die in der Leibeshöhle des Thieres vorhandene Flüssigkeit, das sogenannte Blut, anfänglich einen leichten, später einen deutlich blauen Farbenton zu erkennen gab.

Wird jetzt derselben Made ein Fleisch gereicht, das mit einer ammoniakfreien Karminlösung gefärbt worden war, so wandelt sich die blaue Farbe der Körperflüssigkeit successive im Laufe von 2 Tagen in eine rothe um. Diese Erscheinung kann nicht anders als in der Weise gedeutet werden, dass sowohl der blaue wie der rothe Farbstoff der Körperflüssigkeit aus dem Darmkanale stammt. Da die innere Darmfläche keine anderen Formbestandtheile — etwa wie Becherzellen, Krypten oder Drüsen — enthält, muss der Farbstoff durch die Zellen und die Darmwand hindurch in das Leibesinnere gelangt sein.

Nun wurde oben gezeigt, dass die lebenden Epithelzellen thatsächlich Flüssigkeit aus dem Darmrohre aufnehmen, es wurde ferner gezeigt, dass die Zellen die aufgenommene Flüssigkeit bei ihrer Verkleinerung abgeben, und nun wird hinzugefügt, dass die Flüssigkeit in die Leibeshöhle gelangt — in Hinsicht all dieser Erfahrungen muss gefolgert werden, dass die Zellen bei ihrer Verkleinerung die Flüssigkeit in das Leibesinnere des Thieres treiben.

XII. Über die Umstände, welche die Richtung des Resorptionsstromes bedingen.

Stricker und Spina[1] haben gezeigt, dass die Zellen der Drüsen in der Nickhaut des Frosches nach electrischer Reizung sich vergrössern; sie haben ferner gezeigt, dass das innere Gefüge dieser Zellen Bewegungen zeigt, die in gewissen Zellen — beispielsweise in den weissen Blutkörperchen — zu beobachten sind.

Analoge Verhältnisse treten, wie das früher Mitgetheilte lehrt, auch bei den Dünndarmepithelien in Erscheinung. Auch diese Zellen vergrössern sich auf Reize hin, und auch diese Zellen ändern die innere Structur ihres Leibes.

Gleichwie in den Untersuchungen von Stricker und Spina aus dem analogen Verhalten der Drüsenzellen mit amöboiden Zellen geschlossen wurde, dass die Vergrösserung und die Verkleinerung der Drüsenzellen active Bewegungsvorgänge vorstellen, dass die erstere als ein Vorgang der Expansion, die letztere als ein Vorgang der Contraction anzusehen sei, aus denselben Gründen muss auch die Volumszunahme der Darmepithelien als active Dilatation, die Volumsabnahme als active Contraction aufgefasst werden. Wir müssen somit sagen, die Epithelien des Darmes sind bewegungsfähige Zellen, welche sich auf Reize hin vergrössern und nach Aufhören derselben wieder verkleinern.

Ich habe oben an der Hand von Versuchen dargethan, dass die Zellen bei ihrer Volumszunahme Flüssigkeit aus dem Darmkanale aufnehmen und bei ihrer Verkleinerung die Flüssigkeit an das Leibesinnere des Thieres abgeben. Es fragt sich nun, woher kommt es, dass einerseits die Zellen bei ihrer Dilatation die Flüssigkeit nur von innen, aus dem Darmkanale, und nicht von aussen her beziehen, andererseits bei ihrer Contraction die aufgenommene Flüssigkeit nicht in das Darmlumen, sondern in die Leibeshöhle des Thieres treiben?

Eine schon früher (pag. 39 u. 40) erwähnte Beobachtung gibt auf diese Frage Antwort.

Denn daselbst wurde gezeigt, dass sowohl die Vergrösserung, als die Verkleinerung der Zellen an den Zellkuppen ihren Anfang nimmt und die Zelle entlang bis zum Fussende derselben weiterschreitet. Es ist nun leicht begreiflich, dass die Zellen mit jenem Theile ihres Leibes zu saugen anfangen werden, der sich zuerst dilatirt. Es wird daher Flüssigkeit aus dem

1) Untersuch. über die mechan. Leistungen der acinösen Drüsen. Sitzungsber. der k. k. Acad. in Wien. Bd. 80. 1879.

Darmlumen in die Zellen eintreten, und mit dem Fortschreiten der Dilatation gegen den Fusspunkt der Zellen zu die letzteren nach und nach er-
füllen müssen. Wir können dann sagen, die Zellen sind geladen.

Da nun die Contraction in gleicher Weise an den Zellkuppen beginnt
und am unteren Theile der Zellen endet, wird die von den Zellen aufgenommene Flüssigkeit nach dem locus minoris resistentiae hin fortbewegt,
also nach aussen und vom Darmlumen abgedrängt werden müssen, das
heisst, die Zellen werden sich entladen. Die Darmresorption ist somit
das Endergebniss von Bewegungsvorgängen, welche in einer bestimmten
Richtung an den Darmepithelien ablaufen.

XIII. Untersuchungen über die Resorption fester Körper.

Die Frage nach der Resorption unlösbarer Bestandtheile des Darminhaltes spielt in der Lehre von der Verdauung eine wichtige Rolle. Denn
unter die unlösbaren Bestandtheile des Darminhaltes wurde auch das für
den Stoffwechsel so bedeutungsvolle Fett gerechnet.

Die Untersuchungen über die Aufnahme fester Körper sind aber, wie
die Geschichte dieser Frage lehrt, nicht allein in der Absicht ausgeführt
worden, um die Mechanik der Fettresorption kennen zu lernen, sondern sie
sind auch im Interesse der Resorptionsfrage überhaupt angestellt worden.
Man wollte durch das Studium der Resorptionsweise fester, daher mikroskopisch leicht sichtbarer Körper Aufschluss über die Resorptionswege überhaupt erlangen. Der gegenwärtige Stand der Frage nach der Resorption
unlösbarer Körper ist der folgende:

Seitdem Herbst [1] gezeigt hatte, dass Amylumkörner aus dem Darmlumen in die Chylusgefässe, und seitdem Oesterlen [2] dargethan hatte,
dass zerriebene Kohle aus dem Darme in das Blutgefässsystem des Thieres
eindringe, wurde von der Mehrzahl der Forscher die Vermuthung vertreten,
dass die ungelösten Bestandtheile des Darminhalts im fein vertheilten Zustande, ohne weitere Veränderungen zu erfahren, resorbirt werden, wobei
sie wahrscheinlich durch die Peristaltik des Darmes in die Zellen gepresst
werden.

Diese Hypothese wurde auch auf die Fettresorption übertragen. Auch
das Fett sollte dieser Lehre zufolge im Darmkanal in einen fein vertheilten Zustand übergeführt und in Form von Emulsionen, ohne jedwede
chemische Änderung, zur Resorption gelangen. Zwingende Argumente

---

1) l. c. — 2) Zeitschr. für rationelle Medizin. V. 1846.

wurden für diese Hypothese nicht erbracht, ihre einzige Stütze hatte sie in den mikroskopischen Untersuchungen der Darmepithelien nach Fettfütterung; und diese Untersuchungen lehrten, dass sich die Zellen mit zahlreichen, kleinen Tröpfchen Fetts anfüllen.

Über die Art und Weise, wie die Fetttröpfchen in die Epithelien eindringen, konnte man zu keiner einheitlichen Anschauung gelangen. Die Einen nahmen an, dass die Fetttröpfchen durch die Peristaltik des Darmes in die Zellen getrieben werden, die Anderen wieder, dass es endosmotische Ströme sind, durch welche das Fett in die Zellen gelange. Die letztere Annahme gewann wenig Anhänger. Das physikalische Experiment lehrte ja, dieser Annahme entgegen, dass das Fett auf dem Wege der Endosmose eine feuchte Membran gar nicht zu durchdringen vermöge.

Wistinghausen [1] war zwar bestrebt, diese Schwierigkeit durch die Hypothese, dass die Galle die Diffusionsfähigkeit des Fettes steigere, zu beheben.

Aber auch nach Anbringung dieses Correctivs konnte sich die Diffusionshypothese nicht geltend machen. Die Filtrationshypothese gewann hingegen auch hier immer mehr an Gebiet, zumal da viele Ergebnisse der histiologischen Forschung, wie zum Beispiel die Angabe Brücke's über das Offensein der Epithelzellen an ihrer freien, dem Darmlumen zugekehrten Fläche, ferner die Angabe von dem Vorhandensein von Kanälchen im Stäbchenorgane der Zellen, dieser Lehre im hohen Grade günstig waren. Auch durch die experimentellen Untersuchungen von Donders und Mensonides [2], von Bruch [3], Moleschott [4] und Wittich [5], welche insgesammt das Eindringen von festen Körpern und von rothen Blutkörperchen (Moleschott und Wittich), aus dem Darmlumen in die Chylus- oder Blutgefässe, oder in die Darmepithelien (Moleschott) behaupteten, wurde diese Lehre wesentlich gefördert. Trotz alledem wurde sie bald darauf von vielen Seiten bekämpft. Es ergab sich aus späteren Untersuchungen, dass die ungelösten Körper des Darminhaltes nur in äusserst seltenen Fällen in die Epithelzellen der Darmschleimhaut oder in das Blut- oder Lymphgefässsystem gelangen. So hat Donders [6] später behauptet, keinen Übertritt von festen Körpern beobachten zu können, obwohl er mit einem feinkörnigen Farbstoffe, dem Choroideapigment, experimentirt hatte, und auch Moleschott berichtete nachträglich, er hätte nur ausnahmsweise eine Überwanderung fester Körper constatiren können. Er erklärt ausdrücklich, dass »in der ungeheuer überwiegenden Mehrzahl der Fälle« keine festen Körper aus dem Darmkanal in die Darmepithelien gelangen.

1) Experimenta quaedam endosmotica. Dissert. Dorpat 1851.
2) Niederländ. Lancet. IV. — 3) l. c. — 4) Wiener medic. Wochenschr. 1854.
5) Virchow's Archiv XI. — 6) Moleschott's Unters. Bd. II. 1857.

Beide Forscher stimmen aber darin überein, dass das Fett in der Regel resorbirt werde, dass es somit nicht als gleichbedeutend mit den anderen ungelösten Körpern des Darminhaltes angesehen werden dürfe.

Die hier aufgezählten Ergebnisse gaben der Lehre von der Fettresorption eine andere Richtung. — Funke hat sich schon auf Grundlage von Versuchen gegen die Annahme erklärt, dass sich das Fett bei der Resorption wie ein fester Körper verhalte. Er zeigte nämlich, dass nur jene Fette, deren Schmelzpunkt nicht höher liegt, als die Körpertemperatur des Thieres, zur Resorption gelangen, denn nur jene Fette, die sich im flüssigen Aggregatzustande befinden, unterliegen der Resorption. In neuerer Zeit haben endlich Perewoznikoff [1] und Will [2] Versuchsergebnisse mitgetheilt, durch welche die in Rede stehende Theorie von der Fettresorption vollständig bei Seite gedrängt wurde.

Perewoznikoff hat gezeigt, dass die Darmepithelien nach Verfütterung von Seife und Glycerin auf dem Wege der Synthese Fett erzeugen. Die Seife werde nämlich durch den Verdauungsprozess in ihre chemischen Componenten zerlegt. Diese gelangen sammt dem verfütterten Glycerin in die Epithelien, in denen sich das Glycerin mit der Fettsäure zu Fett verbindet. Die Epithelzellen erscheinen dann von zahllosen feinen Fetttröpfchen durchsetzt, gleich wie es in Fällen, in denen reines Fett verfüttert wurde, zu beobachten ist. Will hat die Versuche Perewoznikoff's dahin modifizirt, dass er zur Fütterung die chemischen Componenten des Fettes, also Glycerin und Fettsäuren, wählte. Auch bei diesen Versuchen boten die Epithelzellen Bilder, wie sie nach Fütterung mit Fett gesehen werden.

Den Epithelzellen des Darmes wohnt also die Fähigkeit inne, aus den chemischen Constituenten des Fettes wieder Fett zu erzeugen.

Durch diese Erfahrungen wurde nun die Vermuthung nahegelegt, dass die Fette bei der Verdauung nicht in Form von Emulsionen resorbirt, sondern vielmehr in ihre chemischen Bestandtheile zerlegt werden, und dass diese erst der Resorption anheimfallen.

Wenn wir also den gegenwärtigen Stand der Frage nach der Resorption unlösbarer Bestandtheile des Darminhaltes kurz zusammenfassen wollen, so müssten wir sagen, die unlösbaren und chemisch nicht zerlegbaren Bestandtheile des Darminhalts gelangen nur ausnahmsweise und auf eine unbekannte Weise zur Resorption. Die Fette hingegen werden, als chemisch spaltbare Körper, zerlegt und ihre Constituenten resorbirt.

Meine Untersuchungen haben nun hierüber Folgendes ergeben:

Gelegentlich der Untersuchungen von Distoma cygnoides habe ich zu

---

1) Medic. Centralbl. 1876, pag. 851.
2) Pflüger's Archiv. XX. 1879.

wiederholten Malen gesehen, dass in dem Protoplasmabelag an der inneren
Fläche der Darmmembran sich kleine Körnchen vorfinden, welche in
Grösse, Form und Structur eine vollständige Übereinstimmung mit den
Körnchen des Darminhaltes zeigen.

Dieser Befund liess vermuthen, es möchten die Körnchen aus dem
Darminhalte in die Zellen eingedrungen sein. Um jedoch die Beweis-
führung zwingender zu gestalten, habe ich, da durch directe Beobachtung
ein Überwandern der Körnchen nicht sicher zu stellen war, nachstehende
Versuche ausgeführt.

Wenn mir zufällig ein mit Distoma cygnoides inficirter Frosch in die
Hände kam, wurden die Entozoa in den Darm eines anderen Frosches durch
eine kleine in die Bauchdecken und den Dünndarm eingeschnittene Wunde
eingetragen, die Wunde hierauf mit Nähten geschlossen und dem Thier
mittelst eines Kautschukröhrchens in Wasser suspendirtes Karmin in den
Magen injicirt.

Nach 24—48 Stunden wurden die künstlich inficirten Frösche getödtet
und die Entozoa nach bereits angegebener Methode mikroskopirt. Ich erblickte nun zuweilen, sowohl im Darminhalt als auch in der protoplasmatischen Schicht, einzelne äusserst kleine, aber mit voller Bestimmtheit dia-
gnosticirbare Karminkörnchen. Es kann somit nicht bezweifelt werden,
dass die Karminkörnchen aus dem Darmkanale des Frosches in den Darmkanal des Entozoons und von da in die protoplasmatische Schicht über-
gewandert sind, und ich kann dem entsprechend behaupten, dass ungelöste Körperchen des Darminhalts in den epithelialen Belag
eindringen können.

Ich muss aber Eines zu bedenken geben. Der Protoplasmabelag trägt
bei meinem Versuchsthiere, wie schon oben angeführt wurde, kein Stäbchenorgan; es wäre daher möglich, dass das Fehlen dieser Schicht dem
Eindringen ungelöster Körperchen förderlich sei.

Diese Vermuthung gewann umsomehr an Wahrscheinlichkeit, als ich
in Übereinstimmung mit Donders niemals im Stande war, in den Darmepithelien von Fröschen, welche mit Karmin oder Tusche gefüttert worden
waren, Farbstoffkörnchen nachzuweisen.

Dass in Darmepithelien, welche mit einem Stäbchenorgan ausgestattet
sind, Körperchen nicht eindringen, lässt sich überdies in voller Klarheit an
Fliegenlarven zeigen. Ich habe Fliegenlarven 24 Stunden vor der Untersuchung mit Froschfleisch gefüttert, das 2—3 Tage in einem feuchten
Raume behufs Entwicklung von Fäulnissbacterien aufbewahrt worden war.
Der Darmkanal erscheint dann von dicht an einander liegenden und
sich lebhaft bewegenden Bacterien ganz und gar erfüllt. Dessenungeachtet
lässt sich auch nicht eine einzige Bacterie in den Darmepithelien oder in
der Leibeshöhle des Thieres nachweisen.

Ein Irrthum bei der Untersuchung ist vollständig ausgeschlossen. Ich konnte, wenn ich zur Untersuchung 24 Stunden alte Maden wählte, die Thiere in ihrer ganzen Dicke mit 2000facher Vergrösserung durchmustern, ohne Bacterien an den bezeichneten Stellen wahrzunehmen.

Ganz anders gestalten sich hingegen die Verhältnisse, wenn der epitheliale Belag der Made nur zum Theil oder bis an die Membrana propria fehlt. Mit einem solchen Fehler behaftete Thiere enthalten sowohl in der defecten Epithelschicht wie in der Leibeshöhle zahlreiche Bacterien. Solche Thiere sind aber, wie aus den trägen Bewegungen ihres Körpers zu ersehen ist, nicht normal. Die Tunica intima scheint für die Maden geradezu eine Schutzhülle gegen die Invasion von Fäulnissorganismen zu sein.

Aus dem Umstande, dass weder die angeführten Farbstoffe, noch Bacterien in intacte Epithelzellen dringen, könnte gefolgert werden, dass auch keine Fetttropfen in die Zellen zu gelangen vermögen. Gegen diese Schlussfolgerungen sprechen aber folgende Erwägungen:

Wie bekannt, findet man in den Epithelzellen nach dem Genusse fetthaltiger Nahrung zahlreiche Fetttröpfchen von verschiedener Grösse. Die kleinsten derselben, der sogenannte »Fettstaub«, sind um vieles kleiner als das feinste Tusch- oder Karminkorn. Bei dieser Sachlage wäre es immerhin möglich, dass dort, wo die Farbstoffkörner ihrer Grösse wegen nicht eindringen können, dies bei den viel feineren Fetttröpfchen möglich wird. Die directe Beobachtung spricht aber nicht zu Gunsten dieser Annahme. Ich konnte niemals bei Fröschen, denen ich Fettemulsionen in den Magen brachte, jene allerkleinsten Fetttröpfchen auch ausserhalb der Epithelien finden. Man erblickt sie immer nur im Innern der Zellen, während ausserhalb derselben nur grössere Fetttropfen anzutreffen sind. Würden die in den Zellen vorkommenden Fetttröpfchen von aussen in die Zellen gelangt sein, so müsste man dieselben in irgend einer Verdauungsphase auch ausserhalb der Zellen erblicken müssen.

Wenn aber die Annahme, dass die Fetttröpfchen von Aussen in die Zelle gelangen, wenig Wahrscheinlichkeit für sich hat, wie sind dann die Bilder von mit Fetttröpfchen erfüllten Epithelzellen zu erklären?

Ich habe schon oben der Angabe Will's Erwähnung gethan, dass die Epithelien die Fähigkeit besitzen, aus den chemischen Constituenten des Fettes wieder Fett zu erzeugen. Ich kann die Angabe Will's, dessen Versuche ich nachgemacht habe, bestätigen. Ist aber die Angabe Will's richtig, dann hat die Hypothese, dass die Fette als Emulsionen resorbirt werden, ihre beste Stütze eingebüsst.

Denn die Erfüllung der Epithelzellen mit Fett, welche bis zu den Untersuchungen Will's einzig nur durch die Annahme, dass das emulgirte

Fett, ohne chemisch verändert zu werden, in die Zelle eindringe, erklärt werden konnte, ist einer anderen Deutung zugänglich geworden.

Da nun weder die Ergebnisse der directen Beobachtung, noch auch die der Farbstofffütterung dieser Hypothese das Wort reden, müssen wir dieselbe, solange für sie keine schärferen Argumente vorgebracht werden, als unbegründet zurückweisen.

XIV. Untersuchungen über die Bedeutung der Becherzellen.

Die ersten Andeutungen über das Vorkommen von Becherzellen im Darmkanale hat Henle schon im Jahre 1837 gemacht. Etwas genauer sind sie einige Jahre später von Gruby und Delafond als »Epithelium capitatum« beschrieben worden. Frerichs unterscheidet schon im Jahre 1846 zwei verschiedene Arten von Darmepithelien, leere und volle Epithelzellen, von denen die ersteren den Becherzellen von heute gleichzusetzen sind.

Das Vorkommen von Becherzellen wurde bald allenthalben anerkannt. Über die Bedeutung dieser Gebilde gingen jedoch gleich von Anbeginn der Publicationen über diesen Gegenstand die Meinungen erheblich auseinander, und bis zum heutigen Tage ist der Widerstreit der Meinungen nicht behoben.

Es lassen sich die verschiedenen Ansichten in fünf Kategorien bringen. 1) Die Becherzellen sind Producte der Präparation. 2) Die Becherzellen sind in Regeneration befindliche Cylinderzellen. 3) Sie stellen eine besondere Art von Resorptionsorganen vor. 4) Die Becherzellen sind schleimig metamorphosirte Cylinderepithelien, und endlich 5) die Becherzellen sind einzellige Drüsenzellen in einer gewissen Phase der Secretion.

Eine kritische Sichtung des zu Gunsten dieser Angaben vorgebrachten Beweismateriales ergibt Folgendes.

ad 1. Kölliker[1] hat schon im Jahre 1854 die Mittheilung gemacht, dass jene Cylinderzellen, welche von der Darmschleimhaut abfallen, aufquellen und die Becherform annehmen. Einige Jahre später machte Wiegandt[2] eine ähnliche Beobachtung. Auch er sah, dass die Cylinderzellen unter Vergrösserung ihres Leibes becherförmig werden, ihren Inhalt ausstossen und dann den Anblick leerer Becher gewähren.

Bald darauf erzeugte man die Becherzellen auf künstlichem Wege durch Zusatz der verschiedenartigsten Reagentien zu den frisch präparirten Cylinderzellen, wobei man Schritt für Schritt die Umgestaltung der Cylinder in

---

1) Mikroskop. Anatomie. Leipzig 1854. — 2 Inaug.-Dissert. Dorpat 1860.

Becher direct unter dem Mikroskop beobachten konnte. Es geschah dies vorzugsweise in den Arbeiten von D ö n i t z [1]), L i p s k y [2], Erd m a n n [3]) und T h a n h o f f e r [4].

In gleicher Weise wurde eine Umformung von Cylinderzellen in Becherzellen beobachtet an katarrhalisch erkrankten Schleimhäuten, welche von nackten oder Flimmer tragenden Cylinderzellen bekleidet werden. Es verdient hier die Angabe von S t r i c k e r und K o c s l a k o f f [5], dass im Darme von Choleraleichen die Cylinderepithelien auf grosse Strecken der Schleimhaut hin in becherförmige Gebilde umgewandelt erscheinen, besonders hervorgehoben zu werden.

Alle die hier genannten Forscher geben des Weiteren an, dass die zu Becherzellen umgestalteten Cylinderzellen als abgestorbene Zellen angesehen werden müssen. Es treten ja ihren Angaben zufolge die Becherformen gewöhnlich dann auf, wenn die Zellen von ihrer Unterlage abgerissen, wenn sie mechanisch insultirt oder wenn sie mit Agentien, wie M ü l l e r'scher Flüssigkeit, doppeltchromsaurem Kali oder Kalilauge — Agentien, welche den Tod der Zelle herbeiführen — behandelt werden.

Diese Erfahrungen führten mit Recht zu der Schlussfolgerung, dass die Becherzellen aus den Cylinderzellen hervorgehen und Producte der Präparation sind. Trotzdem aber diese Angaben directen Beobachtungen entstammten, wurden sie dennoch auf das lebhafteste bekämpft.

ad 2. Die Meinung, dass die Becherzellen Regenerationsformen der Cylinder- oder Flimmerzellen sind, ist schon in den Fünfziger-Jahren aufgetaucht. Da aber für die Richtigkeit dieser Vermuthung keine Beläge aufgebracht worden sind, ist sie vollständig in den Hintergrund gedrängt worden. Erst in neuerer Zeit ist D r a s c h [6]), ein Schüler R o l l e t t's, für diese Theorie eingetreten. Seinen Beobachtungen gemäss sollen jüngere Zellformationen durch Wachsthumsdruck zu Keilzellen, diese wieder zu Becherzellen und die Becherzellen zu flimmernden Zellen umgestaltet werden. — Gegen diese Angaben lässt sich aber Folgendes anführen.

D r a s c h geht erstens bei seinen Untersuchungen von den Voraussetzungen aus, dass die Form einer Epithelzelle vorzugsweise ein Product des Wachsthumsdruckes ist. Diese Voraussetzung ist aber unrichtig. S t r i c k e r [7]) hat gezeigt, dass die Zellen in der vorderen Epithelschicht der ausgeschnittenen Hornhaut unter den Augen des Beobachters nicht nur ihre innere Structur, sondern unter Verschiebung ihrer Grenzmarken auch ihre Form ändern.

—

1) R e i c h e r t's Arch. 1864. — 2) l. c. — 3, l. c. — 4) l. c. — 5) Sitzungsber. der k. k. Acad. in Wien. Bd. 53. — 6) l. c. Bd. 80. 1880. — 7, Über Zellen und Zwischensubstanzen. Sitzung der mathem.-naturwiss. Klasse vom 4. Nov. 1880. k. k. Acad. d. Wissensch. in Wien.

Die Epithelzellen sind somit keineswegs derart stabile Gebilde, wie D r a s c h angenommen hat, und ihre jeweilige Form muss daher keineswegs das Ergebniss des Wachsthumsdruckes sein. Es ist somit die Annahme, die D r a s c h zur Grundlage seiner Arbeit gemacht hat, sicher eine u n e r - w i e s e n e und nach den Beobachtungen S t r i c k e r 's eine u n r i c h t i g e.

Die von D r a s c h vorgebrachten Hypothesen stehen zweitens mit den sub 1) angeführten Angaben in einem nicht zu beseitigenden Widerspruch. Man müsste der Meinung D r a s c h 's zuliebe annehmen, dass im Darme von Cholerakranken nicht, wie man immer geglaubt hat, das Darmepithel zerstört, sondern regenerirt werde. Man müsste des Weiteren annehmen, dass durch Zusatz von M ü l l e r 'scher Flüssigkeit oder Kalilauge die Cylinderzellen nicht etwa zerstört, sondern vielmehr zur Regeneration angetrieben werden.

Endlich drittens sind die Beobachtungen, auf welche D r a s c h seine Aussagen über die Umwandlung der Becherzellen in Flimmerzellen stützt, äusserst mangelhaft ausgewerthet. Seine Beobachtung, dass es unter den Epithelzellen Übergangsformen zwischen Becherzellen und Flimmerzellen gibt, beweist bei weitem nicht, dass die Flimmerzellen aus Becherzellen hervorgehen, denn sie schliesst den umgekehrten Fall, dass die Becherzellen aus den Flimmerzellen entstehen, nicht aus.

ad 3. Nicht viel besser steht es um die Begründung der Ansicht, dass die Becherzellen Resorptionsorgane des Darmes vorstellen (L e t z e r i c h). Die Beobachtung, auf welche sich die Vertreter dieser Theorie berufen, ist die folgende. Nach Fütterung mit Fett oder Berlinerblau findet man nur die Becherzellen von Fettkörnchen oder Berlinerblau durchsetzt. Erst wenn das Fett in überreichlicher Menge verfüttert werde, dann enthalten auch die Cylinderzellen Fettkörnchen. Es müsse somit vorzugsweise den Becherzellen die Eignung zukommen, Fette zu resorbiren.

Es hat nun seine volle Richtigkeit, dass nach Fettfütterung zuweilen mehr Fettkörnchen in Becherzellen, als in den Cylinderzellen vorgefunden werden können. Aber derlei Bilder gehören nicht zur Regel, und es kann sich in anderen Fällen sogar ereignen, dass im Gegentheil mehr Fett in den Cylinderzellen als in den Becherzellen anzutreffen ist. Die Vertreter dieser Theorie haben somit aus einem zufälligen Befunde eine allgemein giltige Regel abgeleitet.

Diese Theorie steht fernerhin mit der Angabe, dass die Becherzellen arteficielle oder pathologische Producte sind, in einem eclatanten Gegensatze. Man müsste, wenn man die Consequenzen aus dieser Hypothese ziehen wollte, die Annahme machen, dass während der Cholera die Fähigkeit des Darmes, Fett zu resorbiren, bei der grossen Anzahl der Becherzellen gesteigert sein müsse, eine Annahme, die allen unseren Vorstellungen über den Choleraprozess zuwiderläuft.

ad 4. Als L e y d i g [1]) in der Haut von gewissen, in Wasser lebenden Thieren Becherzellen beobachtet und sie für Schleim enthaltende Zellen, — als Schleimzellen erklärt hatte, gab man sich der Vermuthung hin, dass auch die Becherzellen des Darmes in irgend einer Beziehung zur Schleimbereitung stehen, ja D o n d e r s [2]) hat den Darmschleim geradezu als das Product der Darmepithelien bezeichnet, denn er hat den Austritt von Schleim aus den Zellen direct beobachtet.

Die von D o n d e r s vorgetragene Lehre gewann rasch an Geltung. Denn dass die Cylinderzellen des Darmes eine dem Schleim ähnliche Substanz enthalten, dass diese Substanz in vielen Reagentien quellbar ist, dass bei ihrer Quellung die Zellen zu Bechern sich umgestalten, dass endlich die gequollene Substanz aus den Becherhülsen austritt und sich dem Darminhalte beimengt — das waren Beobachtungen, die allenthalben Bestätigung erfahren hatten. Unerwiesen und directen Beobachtungen widersprechend war hingegen die Annahme, dass der Quellungsvorgang ein p h y s i o l o g i - s c h e r Prozess sei und dass der normale Darmschleim nur oder zum grossen Theile von dem ausgestossenen Inhalte der Becherzellen gebildet werde. Ist dem aber so, dann ist die Theorie in ihrem wichtigsten Theile als unerwiesen anzusehen und sie muss anders formulirt werden. Man müsste unter Benutzung der sub. 4 angeführten, unwiderlegbaren That-sachen sagen, die Zellen enthalten eine schleimähnliche Substanz, aber diese Substanz quillt unter physiologischen Verhältnissen nicht auf, sondern erst dann, wenn sie der Einwirkung gewisser Reagentien ausgesetzt wird. Der Hypothese, dass die Becherzellen unter normalen Verhältnissen den Darmschleim erzeugen, kann somit jene Bedeutung nicht zugeschrieben werden, die ihr von ihren Förderern beigelegt wird.

ad 5. Die Hypothese, dass die Becherzellen einzellige Drüsen seien, ist auf Grundlage von Untersuchungen F r. E i l. S c h u l z e's geschaffen worden. F r. E i l. S c h u l z e [3]) hat im Jahre 1866 bei seinen vergleichend-ana-tomischen Untersuchungen in der Haut und den Schleimhäuten ge-wisser Thiere eigenthümliche Zellen gefunden, aus welchen er zuweilen Schleimtropfen austreten sah. Auf diese Beobachtung hin erklärte S c h u l z e die Zellen für schleimsecernirende Zellen und benannte sie »einzellige Drüsen«.

Die Angaben S c h u l z e's sind später auf die Becherzellen des Darmes direct übertragen worden. Die Berechtigung hierfür glaubte man einerseits in der Ähnlichkeit der Form zwischen den »einzelligen Drüsen« und den Becherzellen, andrerseits in der Beobachtung zu erblicken, dass aus den

---

1) Lehrbuch der Histiologie. 1857. — 2) Physiologie 1859. — 3) Archiv f. mikr. Anatomie Bd. III. 1867.

Becherzellen in ähnlicher Weise, wie bei den einzelligen Drüsen, ein Austreten von Tropfen zur Beobachtung gelangt.

Es braucht wohl nicht des Genaueren erörtert werden, dass Zellen, aus denen Tropfen austreten, nicht nothwendigerweise für Drüsenzellen anzusehen sind, denn es ist beispielsweise das Austreten von Tröpfchen aus weissen Blutzellen wiederholt gesehen worden, ohne dass irgend jemand eine Berechtigung darin gesehen hätte, diese Zellen für einzellige Drüsen zu erklären. Es haben sich somit diejenigen Forscher, welche die Angaben Schulze's auch auf die Becherzellen bezogen haben, einzig und allein von der Ähnlichkeit einiger äusserer Merkmale leiten lassen.

Aus der Ähnlichkeit der Form auf die Identität der Function zu schliessen, ist aber nicht zulässig. Und es ist um so weniger dann zulässig, wenn diese Schlussfolgerung gegen viele gut begründete Angaben verstösst. Für die Erweiterung der Annahme Schulze's auf die Becherzellen des Darmes lag somit kein zwingender Grund vor.

In jüngster Zeit ist Heidenhain dieser Hypothese mit neuen Beobachtungen zu Hilfe gekommen.

Heidenhain[1]) führt an, dass nach Injectionen von Pilocarpin die Becherzellen des Darmes sich in gewöhnliche cylindrische Epithelzellen umwandeln. Die Darmepithelien seien demzufolge einzellige Drüsen, welche vor der Secretion sich in schleimhältige Becherzellen und nach Ausstossung des Schleimes wieder zu gewöhnlichen Cylinderzellen umgestalten.

Diese Argumentation ist unhaltbar. Wenn Jemand die Behauptung aufstellt, dass bei einem Versuchsthiere in Folge einer Pilocarpininjection die Becherzellen des Darmes eine Umwandlung zu Cylinderzellen erfahren, so muss er vor Allem den Beweis erbringen, dass an derselben Stelle, an welcher nach der Injection sich Cylinderzellen vorfinden, vor der Injection Becherzellen vorhanden waren.

Dieser Anforderung muss in diesem Falle um so mehr genügt werden, als es ja allgemein bekannt ist, dass das Vorkommen von Becherzellen, sowohl was ihre Zahl wie ihren Ort anlangt, ein äusserst inconstantes ist. Heidenhain ist aber der genannten Forderung nicht nachgekommen.

Ein Rückblick auf das hier Mitgetheilte lehrt somit, dass unter den Hypothesen, welche über die Bedeutung der Becherzellen aufgestellt worden sind, nur diejenige Berücksichtigung verdient, welche aussagt, dass die Becherzellen künstliche oder pathologische Umbildungsformen der Cylinderzellen vorstellen.

Ich muss mich auf Grundlage meiner Untersuchungen gleichfalls für diese Hypothese erklären. Meine Untersuchungen lehren auf das Bestimm-

---

1) Hermann's Physiologie. Bd. III.

teste, dass sowohl die Becherzellen, welche unter Cylinderepithelien, als
auch jene, welche unter Flimmerepithelien vorkommen, keine physiologischen Gebilde sind.

Ich werde vorerst von jenen Untersuchungen Mittheilung machen,
welche sich auf die Entstehung der Becherzellen aus Flimmerzellen
beziehen.

Wird ein Stückchen Pharynxschleimhaut eines gesunden Frosches vom
lebenden Thiere abpräparirt und im Mundschleim desselben Thieres mikroskopirt, so wird man die Erfahrung machen können, dass, je schneller
und vorsichtiger die Anfertigung des Präparats erfolgt, um so seltener
Becherzellen anzutreffen sind.

Wird nun dasselbe Präparat auf 24 Stunden in M ü l l e r 'sche Flüssigkeit
gebracht, so wird man jetzt eine weit grössere Anzahl von Becherzellen bemerken können. Ja es ereignet sich zuweilen, dass man, um auf Flimmerzellen zu stossen, das Präparat sorgsam durchmustern muss. Es kann somit
keinem Zweifel unterzogen werden, dass die Becherzellen aus Flimmerzellen entstehen.

Die Umwandlung der Flimmerzellen in Becherzellen geht derart vor
sich, dass die Flimmerzelle aufquillt, die Cilien ihre Bewegungen einstellen
und der Zellleib sammt dem Flimmerbesatze aus der Zellhülse entweder
ganz oder zum Theil — der Kern bleibt im letzteren Falle innerhalb der
Becherhülse zurück — ausgestossen wird.

Diese Erfahrungen gestatten keinen Zweifel darüber, dass eine Flimmerzelle, welche diese Reihe von Veränderungen durchgemacht hat, als
eine abgestorbene, zerstörte Zelle angesprochen werden kann.

Zu analogen Resultaten führen auch die Untersuchungen über die Entstehung der Becherzellen des Darmes. Die Untersuchung lebender gesunder
Fliegenlarven thut dar, dass im Darme dieser Thiere niemals Becherzellen
vorkommen, wohl aber, wenn man den Darm frei präparirt und zum Präparate Wasser zufliessen lässt. Hat dasselbe einige Minuten auf die Zellen
eingewirkt, dann sieht man sie fast alle in Becherzellen umgewandelt.

In eben derselben Weise, wie das Wasser, wirken starke und längere
Zeit andauernde Reizungen mit Inductionsströmen. Es empfiehlt sich aber
für diese Reizversuche, den Darm des Frosches zu wählen, da der Versuch
am Insectendarme nicht immer von Erfolg begleitet ist.

Auch eine intensive mechanische Reizung (oftmalige Betupfung des
Deckglases) des Froschdarmpräparates hat das Entstehen von Becherzellen
zur Folge.

Es wurde früher angeführt, dass man die Umformung der Cylinderzellen zu Becherzellen durch das Aufquellen einer mucinähnlichen Substanz
erklären wollte.

Es fällt nun schwer, sich vorzustellen, wie durch mechanische oder elektrische Reizung eine quellbare Substanz zur Vergrösserung ihres Volumens gebracht werden sollte.

Ich habe, um über die Becherbildung nach mechanischer oder elektrischer Reizung Aufschluss zu erhalten, folgende Untersuchungen ausgeführt.

Ich präparirte den Darm einer lebenden Stubenfliege, brachte ihn auf den Elektrodenobjectträger und deckte ihn mit einem Deckgläschen zu. Hierauf wurde das Präparat nach der früher angegebenen Weise bei vollständig aufgeschobenem Schlitten längere Zeit hindurch gereizt. Während der ganzen Dauer der Reizung wurden die Zellen beobachtet. Es stellte sich nun heraus, dass sich der Darm contrahirt, und die Zellen anschwellen, aber die Anschwellung ging nach der Reizung nicht mehr zurück, die Zellen nahmen im Gegentheil an Grösse zu. Ist die Vergrösserung bis zu einem gewissen Grade gediehen, dann kann man folgende merkwürdige Erscheinung am Zellleibe wahrnehmen.

An der Kuppe der Zellen zieht sich der Zellleib etwas von der Membrana intima ab. Es kommt dadurch zur Entwicklung eines kleinen, mit Flüssigkeit erfüllten Zwischenraumes zwischen dem Zellleibe und der Intima. Im weiteren Gefolge der Reizung zieht sich der Zellleib immer mehr gegen das Fussende der Zelle zurück. Dadurch wird der mit Flüssigkeit erfüllte Raum immer grösser, bis er endlich die ganze Kuppe oder selbst die oberen zwei Drittel der Zellen einnimmt, während der Zellleib und sein Kern im contrahirten Zustande am Boden der Zelle zu sehen ist. Aus diesen Veränderungen resultirt eine Becherzelle, welche an ihrem Fussende den contrahirten Zellleib mit dem Kerne enthält, während der grösste Theil des Bechers bis an die Kuppe der Zelle heran mit Flüssigkeit erfüllt ist.

Wir haben nun gesehen, dass bei der Contraction des Zellleibes sich unter der Tunica intima ein mit Flüssigkeit erfüllter Raum etablirt, der in dem Maasse anwächst, als der Zellleib durch Contraction an Volumen einbüsst.

Diese Erscheinung lässt sich am zwanglosesten dahin deuten, dass der Zellleib die in ihm enthaltene Flüssigkeit bei seiner Contraction unter die Membrana intima gepresst hat. Dass diese Deutung richtig ist, lässt sich überdies noch mit grösserer Bestimmtheit aus einer Beobachtung erschliessen, die man allerdings selten und nur dann zu machen in die Gelegenheit kommt, wenn die Contraction der Zellleiber mit grosser Geschwindigkeit sich vollzieht. Man sieht dann, dass aus dem sich verkleinernden Zellleibe die Flüssigkeit in Form eines Wirbels austritt, einzelne Körnchen des Zellleibes mit sich reisst und gegen die Membrana intima treibt.

Es kann somit keinem Zweifel unterliegen, dass, wenn in Folge eines mächtigen Reizes sich die Zellen dilatiren, ihr Zellleib sich zwar wieder contrahiren kann, aber er treibt die Flüssigkeit dann nicht nach aussen hin, wie in der Norm, sondern nach innen zu unter die Membrana intima. Das Endschicksal derartiger Zellen gestaltet sich in verschiedener Weise. In der Regel reisst die Intima an der Kuppe der Zellen entzwei, und der flüssige Inhalt des Bechers wird entweder ganz oder theilweise in Form von Tropfen ausgestossen. Es bleibt dann die leere Becherhülse und im Grunde des Bechers ein Theil des Protoplasmas mit dem Zellkerne zurück, oder aber die Kuppe der Zelle schnürt sich in toto von dem unteren Theil der Zelle ab. Auf diesen letzteren Vorgang werde ich später noch zu sprechen kommen.

Auf analoge Weise entstehen die Becherzellen im Fliegendarme nach mechanischer Reizung oder nach Zusatz von Wasser. Diese Erfahrungen machen es verständlich, warum eine mechanisch insultirte, oder mit gewissen Flüssigkeiten behandelte oder endlich eine entzündlich gereizte Cylinderzelle sich zu einer Becherzelle umgestaltet. — Ob die hier geschilderte Art der Entstehung von Becherzellen im Fliegendarme die einzige ist, oder ob nicht bei anders gearteten Reizen oder Reagentien die Becherbildung vielleicht durch Quellungsvorgänge bedingt wird, vermag ich nicht anzugeben.

XV. Über die physikalische Beschaffenheit der Tunica intima der Insecten. respective des Stäbchenorgans der Vertebraten.

Die Histiologen haben bis in die Gegenwart die Membrana intima der Insecten sowie das Stäbchenorgan der Wirbelthiere für ein festes, dem elastischen Gewebe ähnliches Gebilde angesehen. Einzelne Histiologen haben sogar, wie aus dem geschichtlichen Theile dieser Untersuchungen erhellt, der Meinung Raum gegeben, dass das Stäbchenorgan entweder die Nahrungsmittel nach Art der Kauorgane gewisser Thiere verkleinere (Schiff, oder dass in dasselbe, wie in einen festen Behälter, der Darminhalt durch die Darmcontraction eingepresst werde (Lambl). Dass gewisse Eigenschaften der Tunica intima dieselbe dem elastischen Gewebe nahe bringen, damit hat es zwar seine Richtigkeit, aber die Annahme, dass dieselbe eine feste Membran sei, muss ich auf das bestimmteste bestreiten.

Ich habe schon oben bei der Mittheilung der Reizversuche hervorgehoben, dass die sich vergrössernden Zellen die Membrana intima derart vor sich herschieben, dass dieselbe aller Orten die Zellen und die Interstitien zwischen ihnen überzieht. Schon dieses Phänomen macht die Annahme, die Intima sei eine starre Haut, unwahrscheinlich.

Wer einen solchen Reizversuch gesehen, wird sich mit dieser Annahme niemals befreunden können. Man gewinnt vielmehr den Eindruck, wie wenn-sowohl der Zelle wie der Intima die gleiche Consistenz zukommen würde. In dieser Vermuthung wird man noch mehr bestärkt, wenn man den oben erwähnten Abschnürungsvorgang an der Kuppe der Becherzellen des Genauern studirt.

Erscheint in einer Becherzelle der Zellleib stark contrahirt und die Kuppe mit Flüssigkeit prall gefüllt, dann entsteht zuweilen unterhalb der Kuppe eine seichte Einschnürung. An dieser Einschnürungsstelle trennt sich mit einem Rucke die Zellkuppe von dem anderen Theile der Becherzelle ab. Achtet man nun, kurz nachdem sich die Lostrennung des oberen Zellstückes vollzogen hat, auf das untere Ende desselben, so wird man gewahr, dass die Ränder der Intima an der Trennungsfläche des Zellstückes wie eine tropfbar-flüssige Masse zusammenfliessen, so dass das abgeschnürte Zellstück allerseits von der Intima überzogen erscheint. Die abgeschnürte Kuppe hat dann die Form einer durchsichtigen Kugel, welche von einer elastischen Membran umgeben erscheint.

Wäre die Annahme, dass die Intima eine derbe elastische Haut sei, richtig, dann würde das Ineinanderfliessen ihrer Ränder an der Abschnürungsfläche nicht zu erklären sein.

Die Annahme indess, dass die Intima von einem tropfbar-flüssigen Aggregatzustande sei, würde den thatsächlichen Verhältnissen auch nicht entsprechen.

Ich habe nämlich bei der Untersuchung des frisch präparirten Fliegendarmes wiederholt beobachten können, dass die hart an den Zellen vorbeischwimmenden Speiseballen sich erst dann in die Tunica intima einpressen oder einbohren, wenn sie durch heftige Darmperistaltik an dieselbe gedrängt werden. Die Tunica intima vermag also dem Andringen der Speiseballen einen gewissen Widerstand zu leisten. Es bleibt somit, um allen diesen Beobachtungen Rechnung zu tragen, nur die Annahme übrig, dass sich die Tunica intima ihrer Consistenz nach wie der Leib lebender Zellen verhält.

Aus diesem Verhalten der Tunica intima aber schliessen zu wollen, dass dieselbe nicht mit dem elastischen Gewebe verwandt sei, wäre nicht gerechtfertigt. Seitdem durch die Untersuchungen Stricker's [1] im Jahre 1865 gezeigt worden ist, dass die Capillaren nicht elastische Schläuche im älteren Sinne, sondern »Protoplasma in Röhrenform« seien, und seitdem ich [2] gezeigt habe, dass das elastische Gewebe metamorphosirtes Protoplasma ist, das durch entzündliche Reize wieder in den protoplasmatischen Zustand

---

[1] Sitzungsber. der k. k. Acad. in Wien. Bd. LI. 1865. LII. 1866.
[2] Medic. Jahrbücher 1873, 1875, 1877.

zurückgeführt werden könne, seit dieser Zeit ist die Annahme, dass das
elastische Gewebe stets ein festes, derbes Gewebe vorstelle, nicht mehr
aufrecht zu halten. Die Tunica intima kann demnach, wiewohl sie in vivo
die Consistenz des Protoplasmas darbietet, dennoch die Fähigkeit besitzen,
sich in elastische Substanz umzugestalten.

Für diese Betrachtung lässt sich im Übrigen noch Folgendes anführen.

Ich habe früher die Angabe gemacht, dass die Tunica intima die freie
Oberfläche der Epithelzellen überzieht, und dass die Zellen und die Intima
als ein organisches Ganze aufgefasst werden müssen, da die Protoplasma-
fäden der Epithelzellen in die Stäbchen der Intima übergehen.

Dieser Befund macht es nun sehr wahrscheinlich, dass auch die Tunica
intima analog dem elastischen Gewebe nichts anderes darstellt, als die
metamorphosirte Oberfläche der Zellen.

XVI. Über die Bahnen, welche der Chylus im Gewebe der Zotten einschlägt.

Ich muss, bevor ich an die Besprechung der Chyluswege im Parenchym
der Zotten gehe, vorerst einige minder wesentliche anatomische Bemerkungen über den Bau der Zotten vorausschicken.

Das Gewebe der Zotten ist, wie dies H i s angegeben, nach dem Typus
der adenoiden Textur aufgebaut. Es setzt sich bei jüngeren Thieren aus einem
zarten Netzwerk anastomosirender Bindegewebszellen zusammen, in dessen
Maschen rundliche, ein- oder mehrkernige Zellen eingelagert sind. Dieses
Verhalten zeigt aber zuweilen oft bei einer und derselben Thierspecies
darin eine Änderung, dass die Maschen des Netzwerkes stellenweise sehr
klein werden. Die nächste Folge hiervon ist, dass das Zottengewebe an
den betreffenden Stellen dichter gefügt, wie von soliden Balken durch-
zogen erscheint. In solchen Fällen bekommt man Bilder zu Gesichte, wie
sie B a s c h und W i n i w a r t e r beschrieben haben. An ihrer Oberfläche
werden die Zotten von einer hell glänzenden, structurlosen Membran —
der Basalmembran der Autoren — überzogen. Zupfpräparate von Zotten,
welche ich in verdünnter Essigsäure macerirt hatte, lehren, dass die
Basalmembran keineswegs den Zotten nur aufgelagert ist. Die Basalmembran steht vielmehr mit dem Zottengewebe in einer sehr innigen organischen Verbindung. Es lässt sich nämlich an Bruchstücken dieser Membran
demonstriren, dass die angrenzenden Bindegewebskörperchen des Zottengewebes ihre Ausläufer in diese Membran einsenken.

Nicht immer sondert sich aber die Basalmembran von ihrer Unterlage als eine deutlich isolirte Haut ab, namentlich dann nicht, wenn die Maschen des adenoiden Gewebes in der Nachbarschaft der Membran sehr klein sind. Das Gewebe an der Zottenoberfläche gewährt dann den Anblick, als ob es sich durch successive Verdichtung in die Basalmembran umwandeln würde.

Da an solchen Stellen diese Membran nur schwer zu sehen ist, wird zuweilen der Anschein erweckt, als wenn die Bindegewebszellen des Zottenparenchyms ihre Ausläufer direkt in die cylindrischen Epithelzellen einsenken würden.

Soweit ich aber auf die Untersuchung von Durchschnitts- und Zupfpräparaten bauen darf, ist ein solcher Zusammenhang nicht erweislich. Wohl aber ist eine Verbindung der Zellen untereinander und eine Verbindung der Zellen mit Blut- und Lymphgefässen einerseits und der basalen Membran andrerseits leicht nachzuweisen.

Ich kann demgemäss vom Standpunkte der positiven Beobachtung aus die Aussagen Heidenhain's und seiner Anhänger über das Zellennetz, insoweit es das Zottenparenchym betrifft, anerkennen, nicht aber in Rücksicht auf den Zusammenhang der Epithelien mit den Bindegewebszellen. Doch kann ich es nicht unterlassen, hier hervorzuheben, dass meinem Widerspruche eine principielle Bedeutung nicht zukommt. Denn in der That bleibt uns keine andere Hypothese übrig, als die von Heidenhain aufgestellte, dass nämlich der Darminhalt oder Bestandtheile desselben aus den Epithelzellen in das Parenchym der Zotten eindringen.

Wenn man Frösche sowohl mit Fett, wie mit Farbstofflösungen, am am besten mit einer verdünnten Lösung von Methylviolett füttert, so findet man die Fettkörnchen sowohl, wie den Farbstoff in dem Netzwerke und in den Maschen desselben.

Ob es also mikroskopisch nachweisbare Fortsätze sind, welche den Inhalt der Zellen fortleiten, oder ob die Epithelien ihren Inhalt durch die Basalmembran hindurch dem Parenchym der Zotten übermitteln, das kann vom Standpunkte der Functionslehre nicht sehr in Betracht kommen.

Wir sind also im Grossen und Ganzen über die Bahnen unterrichtet, welche der Chylus ·in den Zotten einschlägt. Es ist die ganze Zotte als Bahn zu betrachten. Wir wissen auch, durch welche Kräfte der gelöste Darminhalt zu den Zotten getrieben wird. Es sind die Epithelien, welche gleichsam ein Pumpwerk repräsentiren. Was uns aber fehlt, das ist die Kenntniss der Kräfte, durch welche der Chylus durch die Zotte hindurch getrieben wird.

Wir wissen nicht, ob das Zellennetzwerk sich an der Fortschaffung activ oder passiv betheiligt, wir wissen nicht, was die Zottenmuskeln leisten, und nicht, welchen Antheil die Blut- und Lymphgefässe der Zotte an der Resorption nehmen.

Angesichts dieser Sachlage will ich es versuchen, die Verhältnisse durch einige Betrachtungen zu beleuchten, Betrachtungen, die mir überdies als Ausgangspunkte der weiter mitzutheilenden Versuche gedient haben.

Seitdem die Färbung in die histiologische Technik eingeführt ist, seitdem wird von allen Seiten auf das grundsätzlich verschiedene Verhalten der lebenden und der todten Gewebe den Tinctionsmitteln gegenüber hingewiesen. Es herrscht volle Übereinstimmung darin, dass die lebenden Gewebe viel schwerer Farbstoffe aufnehmen als todte Gewebe. Ja es wird geradezu für eine unerlässliche Bedingung einer präcisen Färbung gehalten, dass lebende Gewebe vor der Färbung durch Einlegen in bestimmte Flüssigkeiten abgetödtet werden. Es ist ferner allgemein bekannt, dass Gewebe, welche, von dem lebenden Organismus losgetrennt, der Einwirkung gewisser Flüssigkeiten ausgesetzt werden, alsbald zerstört werden, während dieselben Gewebe bei Erhaltung ihres Zusammenhanges mit dem lebenden Thierkörper denselben Eingriffen Widerstand zu leisten vermögen. Ich erinnere nur an granulirende Wunden, welche Irrigationen mit Wasser ohne jedweden Nachtheil ertragen.

Schabt man aber den granulirenden Belag der Wunde ab und untersucht ihn, während man zum Präparate einige Tropfen Wasser zufliessen lässt, dann quellen die Zellen rasch auf und gehen zu Grunde.

Wie kommt es nun, dass Irrigationen, ja sogar continuirliche Bäder, der granulirenden Wunde nichts anhaben können, ja im Gegentheile die Entwicklung von Granulationen sogar fördern?

Man hat diese Erscheinung bis zum heutigen Tage nicht zu erklären vermocht.

Vermuthungsweise wurde allerdings ausgesprochen, dass die Circulation des Blutes und die Innervation die Widerstandsfähigkeit der Gewebe bedingen. Aber diese Erklärung ist nicht ganz zutreffend.

Das Epithel der frisch ausgeschnittenen Froschcornea, die ja doch gewiss ausser jeder Beziehung zum Kreislaufe und dem centralen Nervensystem steht, leistet, wie ich mich überzeugt habe, der Einwirkung des zugeführten Wassers unvergleichlich länger Widerstand, als das Epithel einer Hornhaut, welche einem älteren Froschcadaver entnommen wurde. Der Kreislauf und die Innervation können es somit nicht — zum mindesten nicht allein sein — welche die Stabilität der Gewebe bedingen, es muss daher noch ein anderes Moment im Spiele sein. Dieses Moment glaube ich für die Epithelien des Darmes und, wie ich später zeigen werde, für die Epithelien der Hornhaut erkannt zu haben.

Ich habe oben gezeigt, dass die Epithelzellen des lebenden Insectendarmes bei ihrer Dilatation Flüssigkeit ansaugen und bei ihrer Contraction Flüssigkeit auspressen. Ich habe ferner gezeigt, dass die von den Epithelien des lebenden Darmes angesaugte Flüssigkeit ein gewisses Maximum nicht überschreitet, so lange die Zellen normal functioniren. Erst wenn die Epithelzellen in irgend einer Weise in ihrer Arbeit gestört werden, dringt in dieselben eine das normale Maximum übersteigende Flüssigkeitsmenge ein und die Zellen wandeln sich in Becher um. Man kann durch den Darmkanal eines gesunden Frosches beträchtliche Wassermengen durchleiten, die Zellen bleiben dabei immer intact, solange der Epithelbelag nicht sonstwie geschädigt worden ist. Ist aber das Thier seit längerer Zeit todt, dann genügen schon geringe Wassermengen, um das Epithel auf grosse Strecken hin zu zerstören. Die lebenden Darmepithelien bestimmen also mittelst der in ihnen ablaufenden Lebensvorgänge die Grösse der Wasseraufnahme, bei abgestorbenen Zellen aber mögen es vielleicht Vorgänge der Diffusion sein, welche für die Wasseraufnahme maassgebend sind.

Insofern es sich also um den gelösten Bestandtheil des Darminhalts handelt, müssen wir dem lebenden Gewebe der Zotten die Fähigkeit zuschreiben, diesen Inhalt kraft ihrer Lebensfunctionen in sich aufzunehmen. Was aber die ungelösten Stoffe betrifft, also die Fettkörnchen, welche ja in dem Netzwerk thatsächlich angetroffen werden, so steht uns hierüber einerseits die Beobachtung von Stricker und Norris zu Gebote, dass Anilinkörnchen durch das Zellennetz der Cornea fortgetragen werden können, und andererseits die Thatsache, dass die Zotten durch die Muskelfasern zusammengedrückt werden können.

XVII. Einfluss des Nervensystems auf die Bewegungsvorgänge im Darme.

Wird ein decapitirter Triton von mittlerer Grösse auf 1—2 Stunden in feuchtes Papier gehüllt, so sinkt seine Reflexerregbarkeit in einem so hohen Grade ab, dass das Thier nahezu bewegungslos, wie wenn es curaresirt wäre, daliegt.

Der Darm des so präparirten Thieres kann blossgelegt und auf einer Glasplatte bei intactem Kreislaufe untersucht werden.

Stösst man dem Thiere eine feine Nadel in den Rückenmarkskanal ein, so zieht sich der Darm zusammen und die Zellen schwellen an. Nach einiger Zeit erweitert sich der Darm wieder und die Zellen ziehen sich zusammen. Wir müssen somit annehmen, dass die Resorption von nervösen Einrichtungen aus beherrscht wird. Indem aber solchermaassen der Nerveneinfluss auf die Bewegungen der Drüsenepithelien erwiesen ist, will ich

nicht behaupten, dass Resorption ohne Innervation der Zellen nicht von
Statten gehen könne. Das Experiment zeigt vielmehr das Gegentheil.

Schon früher wurde erwähnt, dass der aus einem lebenden Triton
präparirte Darm zuweilen Contractionen mit Anschwellung der Epithelien
und Dilatation mit Verkleinerung der Epithelzellen zeige.

Ergibt schon dieser Versuch, dass die an die Resorption sich knüpfenden Vorgänge im Darmkanale ohne Einfluss des centralen Nervensystems
erfolgen, so lässt sich durch den nachstehenden Versuch zeigen, dass der
Resorptionsvorgang selbst ohne Gegenwart der nervösen Centra ablaufen
kann.

Werden nämlich einem Frosche, dem man Gehirn und Rückenmark
mittelst einer langen Nadel ausgebohrt hatte, 0,8 kbcm einer concentrirten
Lösung von indigschwefelsaurem Natron in den Magen eingespritzt, so
wird im Verlaufe von 24 Stunden das Thier blau. Es musste also der
Farbstoff trotz der Zerstörung von Hirn- und Rückenmark resorbirt worden sein.

B. Hautresorption.

XVIII. Historisches über die Hautresorption.

Die Frage nach der Resorption von Wasser oder von in Wasser gelösten Substanzen durch die Haut hat wegen ihrer therapeutischen Bedeutung schon seit Langem die Aufmerksamkeit der Forscher in Anspruch genommen.

Man suchte dieser Frage dadurch beizukommen, dass man ein Ver-
suchsindividuum ein Bad nehmen liess, und die Differenz im Körpergewichte
desselben vor und nach dem Bade als Maass für die resorbirte Wassermenge
ansah. Die ersten Wägungen scheint Seguin [1] ausgeführt zu haben.
Seguin kam zu dem Resultate, dass während eines Bades keine Resorption von Wasser stattfinde, ja dass das Körpergewicht sich sogar verringere,
und zwar um so mehr sich verringere, je höher die Temperatur des Bades
war. Die Angaben Seguin's erfuhren durch Currie [2] eine Erweiterung.

---

1) Premier mémoire sur les vaisseaux absorbants. 1792. — 2) Über die Wirkung
des kalten und warmen Wassers. Übersetzt von Michaelis. 1801.

Auch dieser Forscher hat eine Gewichtszunahme nicht constatiren können, aber er fand, dass das Durstgefühl des Badenden nach dem Bade abnehme, und die Harnsecretion sich vermehre. Die Beobachtungen Currie's machten somit eine Resorption von Wasser sehr wahrscheinlich.

Als bald darauf Joung [1] bei seinen Wägungsversuchen erfahren hatte, dass das negative oder positive Ergebniss der Wägung von der Höhe der Temperatur des Bades abhängig sei, dass ein Gewichtszuwachs bei relativ niederer Temperatur (26°C.) sich nachweisen lasse, dass derselbe bei 30° nur mehr ein Drittel betrage und bei 37° gleich Null werde, lernte man die negativen Versuchsresultate von Seguin und Currie, die auf die Temperatur des Bades keine besondere Rücksicht nahmen, würdigen. Die Versuche von Joung verdienten umsomehr Vertrauen, als dieser Forscher die Versuchsperson nicht die mit Wasserdampf gesättigte Luft der Badecabine sondern die Luft eines anderen Raumes athmen liess. Die Angaben Joung's sind später im Grossen und Ganzen von Madden [2] und Kuhn [3] bestätigt worden.

Um diese Zeit lenkte Joh. Müller [4] die Aufmerksamkeit der Forscher auf die Froschhaut. Joh. Müller brachte Frösche in ein Bad von blausaurem Kali, liess sie eine Zeit lang in dieser Flüssigkeit, wusch die Thiere dann sorgfältig ab und wies mittelst eines Eisenoxydsalzes die Gegenwart von blausaurem Kali in den subcutanen Lymphsäcken des Thieres nach. Dieser Versuch lehrte somit auf das Bestimmteste, dass die Froschhaut Flüssigkeiten resorbirt, und dass diese Flüssigkeiten aus der Haut in die subcutanen Lymphsäcke gelangen.

Fraglich blieb nur, ob die an der Froschhaut gewonnenen Resultate auch für die Haut des Menschen Geltung haben können. Man wies auf die grosse Verschiedenheit in dem Bau dieser Organe hin und betonte des Besonderen den Mangel von Schweiss- und Talgdrüsen in der Froschhaut, welche möglicherweise bei der Resorption durch die Haut des Menschen eine besondere Rolle spielen. Man stellte sich um so entschiedener einer Gleichstellung der Froschhaut mit der Haut des Menschen entgegen, als die folgenden Experimentatoren sowohl gegen Currie wie gegen Joung den Vorwurf erhoben, dass bei ihren Versuchen das Wasser nicht von der Haut, sondern von der Schleimhaut der Aftermündung, des Präputiums und der Vagina, oder durch kleine, zufällige Risse in der Haut resorbirt worden sei.

Der Einwand, dass bei den Versuchen über Hautresorption durch die Wasseraufnahme von Seiten der Schleimhäute Fehler geschaffen worden sind, ist zweifellos richtig.

---

1) De cutis inhalatione. Edinburgh 1813..
2) An exp. inquiry into the phys. of cut. absorpt. Edinburgh 1838..
3) Physiol. Wirk. d. Bäder. Balneologische Zeitung. Bd. IV.
4) Lehrbuch der Physiol. 1841..

In der That behauptete K l e t z i n s k y ,[1]) dass, wenn die Schleimhäute vor dem Bade bedeckt werden, keine Gewichtszunahme zu constatiren sei.

Ferner zeigten die Versuche von D e m a r q u a y [2]), dass von der Präputialschleimhaut Lösungen von Jodkali sehr rasch und in bedeutender Menge resorbirt werden.

Es ist klar, dass bei dieser Sachlage in den späteren Untersuchungen auf eine Verhinderung der Schleimhautresorption hätte geachtet werden sollen. Es geschah dies aber nur in einzelnen Fällen. Die Frage nach der Resorption im Bade hatte ja vorwiegend eine therapeutische Bedeutung. Es war den Anforderungen der Therapeuten vollständig Genüge gethan, wenn man zeigen konnte, dass in einem Bade überhaupt resorbirt wird.

Es sind aus diesem Grunde die meisten Experimente der Balneologen, die zumeist nur therapeutischen Zwecken bei ihren Untersuchungen nachgingen, für unsere Frage von geringem Werthe.

Ich muss hier aber trotzdem einiger Untersuchnngen Erwähnung thun, weil sich zwischen ihnen und meinen Experimenten einige gemeinsame Berührungspunkte ergeben.

B e n c k e [3]) behauptet in seinen Untersuchungen über die Wirkung der Nordseebäder, dass eine Resorption des Nordseewassers nicht stattfindet. Dieselbe Behauptung stellten R ö h r i g [4]) über Soolbäder auf, C l e m e n s [5]) über Kochsalz und Chlorcalcium, L e h m a n n [6]) über Chlorlithium und Chlorstrontium, T h o m p s o n [7]), K l e t z i n s k y [8]) H é b e r t [9]) und F l e i s c h e r [10]) über Jodkali, K l e t z i n s k y , T h o m p s o n und H é b e r t über Ferrocyankali, L o c h e r s [11]) über Bleizucker und B r a u n e [12]) über Jod.

Diesen Angaben steht aber wieder eine andere Reihe von positiven Aussagen entgegen.

C o l l a r d [13]) gibt an, dass sowohl Milch, wie Wein und Bouillon in Handbädern resorbirt werden. Es haften indessen den Experimenten mit Handbädern grosse Fehler an. Es ist erstens die resorbirende Fläche sehr klein und zweitens ist eine genaue Bestimmung der in den oberen Schichten der Epidermis angesammelten Flüssigkeitsmenge nicht recht thunlich.

---

1) Wiener medic. Wochenschr. 1853. No. 27 und 28.
2) Recherches sur l'absorption. Paris. L'union 1867.
3) Über die Wirkung der Nordseebäder. Göttingen 1855.
4) Physiologie der Haut. Berlin 1876. — 5) Archiv für Heilkunde III. 1867.
6) Über die Adhäsion der Badestoffe an der Haut. Dissert. inaug. Bonn 1876.
7) Citirt nach F l e i s c h e r 's Unters. über die Resorption der menschlichen Haut. Erlangen 1877. — 8) l. c. — 9) Citirt nach F l e i s c h e r. — 10) Unters. über die Resorpt. der menschl. Haut. Erlangen 1877. — 11) Badefahrt. Erlangen 1869. — 12) V i r c h o w's Archiv Bd. XI. — 13) Rech. expér. et critiques. Nouv. bibl. méd. VIII. 1827.

Ebenso unverlässlich sind die Angaben Alfter's[1]), der nach Bädern in Kochsalzthermen eine Vermehrung der Chloride im Harn beobachtet und daraus auf Resorption geschlossen hat. Es wäre immerhin möglich, dass — wie Clemens[2]) gezeigt — die Vermehrung der Chloride durch den im Bade geänderten Stoffumsatz verursacht wäre. Beweisender ist hingegen eine zweite Angabe desselben Forschers, dass nach Soolbädern eine Gewichtszunahme des Körpers zu constatiren sei.

Dittrich[3]), der gleichfalls die Resorption bei Salzbädern untersucht hat, hat aus der Abnahme des specifischen Gewichts des Badewassers eine Resorption erschliessen wollen. Aber auch diese Untersuchungen sind nicht fehlerfrei, da Fleischer's[4]) Angaben zufolge der von Dittrich zur Bestimmung des specifischen Gewichts benutzte Apparat eine genaue Messung nicht gestattete.

Eine ähnliche Bewandtniss, wie mit der Arbeit Alfter's, hat es mit den Untersuchungen von Spengler[5]) über die Resorption in den Bädern zu Ems. Er fand, dass sich die Acidität des Harnes nach Bädern verringere, und hielt dies für ein Anzeichen von Resorption des Natron.

Fleischer[6]) hat die Richtigkeit dieser Angaben mit dem Hinweise bestritten, dass die Acidität und Alcalescenz des Harnes bei verschiedenen Individuen tagsüber grossen Schwankungen unterliege.

Es geht aus dem Gesagten hervor, dass durch die angeführten Untersuchungen die Frage, ob die Haut des Menschen Wasser oder andere gelöste Substanzen zu resorbiren vermöge, nicht endgiltig beantwortet worden ist.

Parallel mit den Versuchen am Menschen wurden auch Versuche an Thieren ausgeführt.

Chrzonszewsky[7]) hat versucht, die Frage an Säugethieren einer Entscheidung zuzuführen, und wie ich glaube, mit grossem Erfolge.

Er brachte rasirte Thiere (Hunde, Katzen, Kaninchen), nachdem die Schleimhäute verklebt worden waren, in Bäder von Indigcarmin und verschiedenen Giften (Strychnin, Cyankali, Morphium). Jene Thiere, welche durch 3 Stunden im Indigcarminbade behalten worden waren, zeigten eine deutliche Blaufärbung des Harnes.

Aus diesem Versuche folgt unabweislich, dass die Haut der Säugethiere zur Resorption befähigt ist.

Weniger schlagend sind hingegen die Versuche, in denen zum Badewasser Gifte zugesetzt worden sind. Es trat zwar nach einem $2^0/_0$ Morphiumbade, nach einem 1% Strychninbade, wenn das Bad 2—4 Stunden

---

1) Deutsche Klinik 1853. — 2) Arch. für Heilkunde III. 1867. — 3) Deutsche Klinik 1856. Virchow's Archiv XXII. 1861. — 4) l. c. — 5) l. c. 1854. — 6) l. c.
7 Wiener medic. Wochenschrift 1870. No. 52.

angedauert hat, der Tod ein, aber es konnten immerhin — wie die Gegner
der Hautresorption·einwenden — die zum Versuche benutzten Alcaloide
durch unentdeckt gebliebene oder durch das Rasiren entstandene Hautrisse
resorbirt worden sein.

Anders liegen die Verhältnisse bei dem Versuche mit Indigcarmin.
Hier richtet man mit der Annahme kleiner Hautverletzungen nichts aus.
Denn da von Indigcarmin grosse Mengen resorbirt werden müssen, soll der
Harn blau gefärbt erscheinen, so müsste die resorbirende Hautwunde zum
mindesten so gross sein, dass sie bei einer genauen Besichtigung des Thie-
res nicht unentdeckt geblieben wäre.

Über den Stand der Frage nach dem Resorptionsvorgange selbst wurde
schon früher im geschichtlichen Theile dieser Abhandlung gesprochen. Ich
habe hier nur einzelne Details, welche die Hautresorption allein betreffen,
nachzutragen.

Wie aus dem früher Ausgesagten zu ersehen ist, verfügen wir über
zwei Resorptionshypothesen.

Die erste sagt aus, dass es endosmotische Ströme seien, durch welche
die Hautresorption bewerkstelligt werde. — Diese Hypothese wurde vorzugsweise durch Experimente gestützt, welche M a g e n d i e mit Hautstücken
von Leichen angestellt hatte. Gegen diese Lehre aber wurde wiederholt
Einsprache erhoben. Man wies darauf hin, dass die oberflächlichen Haut-
schichten fetthaltig sind und die für die Endosmose nothwendige Benetzung
nicht gestatten. So zeigte Z ü l z e r[1]), dass das frisch präparirte Häutchen
von einer mittelst eines Vesicans erzeugten Hautblase kein Wasser durch-
lasse. Diese Behauptung wurde aber von D u p u y e s und C h e s n a i s[2]) bestritten, indem sie zeigten, dass das in der Haut enthaltene Fett kein Hin-
derniss für die Endosmose abgeben könne, da in Öl getränktes Papier für
Wasser durchlässig ist.

Den Versuchen von D u p u y e s und C h e s n a i s wohnt nur geringe Beweiskraft inne. Die beiden Forscher hätten, wie Z ü l z e r, ihre Untersuchungen an der Haut anstellen sollen. Denn mit der Beobachtung, dass geöltes
Papier für Wasser durchlässig ist, wird nicht die Angabe widerlegt, dass
die Haut für Wasser nicht permeabel ist.   Wir müssen somit den Untersuchungen Z ü l z e r's zufolge annehmen, dass eine Permeabilität der frischen
menschlichen Haut für endosmotische Ströme nicht bewiesen ist.

Die andere Hypothese lautet, dass es die Interstitien zwischen den
Zellen sind, durch welche hindurch der Resorptionsstrom seinen Weg
nehme.

---

1) Medicin. Centralbl. 1864. No. 56. .
2) Gaz. des hôpit. 1869. No. 24.

Ich habe die Beobachtungen, auf welchen diese Hypothese fusst, schon früher (pag. 24 und 25) des Weiteren besprochen und die Haltlosigkeit derselben dargethan.

Es folgt somit aus dem Gesagten, dass die Haut Flüssigkeiten zu resorbiren vermag. Es ist aber keineswegs geklärt, auf welche Weise die Resorption von statten geht.

Was die Resorption fester Körper belangt, so steht es wohl fest, dass ungelöste Körper durch die Haut dringen können. Wie sich aber dieser Durchtritt vollziehe, darüber ist man noch zu keiner definitiven Meinung gekommen. Ich gehe — da ich mich hier nur mit der Resorption gelöster Substanzen beschäftigen werde — auf die ungemein reichhaltige Literatur dieser Frage nicht weiter ein.

XIX. Versuche über die durch die Froschhaut aufgenommenen Flüssigkeitsmengen.

Ich habe Frühjahrsexemplaren von Rana esculenta Gehirn und Rückenmark mit einer langen Nadel ausgebohrt und die Cloake unterbunden. Hierauf hüllte ich die Thiere in nasses Filtrirpapier, brachte dieselben in eine Glasschale, deren Boden mit Wasser bedeckt war, und bedeckte die Schale mit einer Glastafel. Ich konnte nun nach 24 Stunden an manchen Thieren eine Gewichtszunahme um 25% und nach 3 Tagen um 80% constatiren. Der Frosch bietet dabei das Bild eines allgemeinen Hydrops. Es kann somit nicht bezweifelt werden, dass die Gewichtszunahme des Versuchsthieres durch Aufnahme von Wasser bedingt wurde.

Die Wasseraufnahme kann noch gesteigert werden, wenn man nur die untere Hälfte des Rückenmarkes ausbohrt, und dann das Thier mit gefesselten vorderen Extremitäten in nasses Papier hüllt.

Ich habe solche Thiere täglich gewogen und die gelähmte Harnblase nach jeder Wägung mit einer Glascanüle entleert. Derart ausgeführte Wägungen haben ergeben, dass ein Thier im Laufe von mehreren Tagen ein Wasserquantum aufzunehmen vermag, das das Eigengewicht des Thieres um ein Zehn-, ja Zwanzigfaches übertrifft.

Auch Thiere, denen Gehirn, Rückenmark und das Herz entfernt worden sind, ich möchte also sagen frische Froschcadaver, zeigen, nach der angeführten Methode behandelt, einen beträchtlichen Gewichtszuwachs.

Allerdings ist aber derselbe um vieles geringer als bei Thieren mit intactem Kreislaufe, er beträgt zuweilen nach 24 Stunden 9 % des Eigengewichts des Thieres.

Die Versuche sind auch dann von analogem Erfolge begleitet, wenn man die Schleimhaut an den Bulbis, der Mundspalte und der Cloake mit Heftpflaster beklebt. Das Wasser kann somit nur von der Haut aufgenommen worden sein.

Es folgt des Weiteren aus diesen Versuchen, dass die Aufnahme von Flüssigkeit durch das Vorhandensein des Kreislaufes gefördert wird, das Fehlen desselben aber eine solche Aufnahme nicht ausschliesst.

Man hat es aber in der Hand, die Aufnahme von Wasser allsogleich zu sistiren, wenn man das Papier, in welches das Thier eingehüllt wird, mit Wasser, dem man 0,7 % Kochsalz zugesetzt hat, tränkt. Ja nicht selten kehrt sich dann der Gewichtszuwachs in einen Gewichtsverlust um. Die Thiere gehen bei diesen Versuchen in kurzer Zeit zu Grunde.

Ich habe früher von Versuchen über die Aufnahme von Kochsalzwasser durch die Haut des Menschen gesprochen, aus welchen hervorgeht, dass eine Resorption von Kochsalzlösungen nicht stattfindet, zum mindesten nicht streng erwiesen ist.

Die angeführten Versuche mit Fröschen sind dieser Meinung in hohem Grade günstig. Doch muss man bedenken, dass bei derlei Versuchen die Concentration der Kochsalzlösung (0,7 %) in Anschlag zu bringen ist, da die Wasseraufnahme bei wesentlich schwächeren Lösungen ungehemmt von statten geht.

XX. Über die Wege des resorbirten Wassers im Inneren des Organismus.

Auch über die Wege, welche das Wasser im Innern 'des Thieres einschlägt, habe ich einige Erfahrungen gesammelt, und ich glaube dies hier einflechten zu sollen, weil uns diese Erfahrungen über das Zustandekommen der Ödeme Aufschluss geben, und weil ich andrerseits die Wasseraufnahme durch die Haut, mit deren Mechanik ich mich hier beschäftige, gleichfalls zu den Ödemen in Beziehung bringe.

Ich habe einem Frosche durch Ausbohrung der unteren Hälfte des Rückenmarks die Harnblase gelähmt, hierauf dieselbe entleert und das Thier in nasses Papier gehüllt.

Wenn ich nun den Frosch nach zwei Tagen tödtete, so erschienen die Harnblase und die Harnleiter mächtig ausgedehnt und mit Harn prall gefüllt. In einigen Fällen sah ich die Ausdehnung der Harnblase derart entwickelt, dass Lunge und Herz des Thieres weit nach oben und hinten gedrängt waren.

Dieser Versuch lehrt zweifellos, dass das vom Frosche resorbirte Wasser zum Theil von den Nieren in die Harnblase hinein secernirt worden ist.

Verhältnisse ganz andrer Art treten in Erscheinung, wenn die Ausscheidung des resorbirten Wassers durch die Nieren gehemmt, wenn also die Nieren in ihrer Arbeit gestört werden.

Ich habe durch Exstirpationsversuche an Gehirn und Rückenmark in Erfahrung gebracht, dass die Nieren die Secretion von Wasser einstellen, wenn man die Medulla oblongata und das obere Viertel des Rückenmarks zerstört.

Die hierauf bezüglichen Versuche wurden, wie folgt, ausgeführt.

1) Einem Frosche wurde das Gehirn ausgebohrt, die Harnblase vollständig entleert und das Thier in nasses Papier gehüllt. Tags darauf wird bei der Section die Blase gefüllt gefunden.

2) Einem Frosche werden die unteren drei Viertel des Rückenmarks zerstört und das Thier sonst wie das vorige behandelt. Die Section zeigt die Blase im gefüllten Zustande.

3) Einem Frosche wird das ganze Rückenmark sammt der Medulla oblongata zerstört. Die Blase bleibt leer.

4) Einem Frosche wird Gehirn und Medulla oblongata ausgebohrt. In der Blase eine geringe Menge von Harn.

Aus diesen Versuchen folgt, dass bei Erhaltung der Medulla oblongata und des oberen Rückenmarksviertels das resorbirte Wasser durch die Nieren zur Ausscheidung gelangt.

Es wäre zur Erweisung dieses Satzes einfacher gewesen, das ganze Centralnervensystem bis auf das verlängerte Mark und jenen oberen Theil des Rückenmarks zu entfernen. Ich habe auch thatsächlich solche Versuche ausgeführt, aber ohne jeden Erfolg. Die Medulla oblongata sowie das obere Rückenmarksstück stellen nämlich unter diesen Verhältnissen alsbald ihre Function ein, und ein derart präparirtes Thier bietet kurze Zeit nach der Operation dasselbe Bild, wie eines, dem das ganze Centralnervensystem entfernt worden ist. — Ähnlichen Schwierigkeiten begegnet man bei Thieren, denen man die Medulla oblongata und den oberen Rückenmarksantheil angebohrt hat. Auch diese Thiere verhalten sich nach kurzer Zeit wie Thiere ohne Centralnervensystem.

Bei dieser Sachlage habe ich von der in Frage stehenden Methode Umgang genommen und den Sitz der Centren für die Wasserausscheidung durch die oben angeführten Versuche indirect zu eruiren getrachtet.

Zerstört man nun einem Frosche die zur Nierensecretion nothwendigen
Centra durch Ausbohrung von Hirn und Rückenmark, so nimmt das Thier
nach wie vor durch die Haut Wasser auf, aber die Blase bleibt leer, die
Extremitäten des Thieres schwellen an, werden wasserreich, die subcutanen Lymphsäcke sowie die Bauchhöhle füllen sich derart mit Flüssigkeit
an, dass der ganze Körper des Thieres plumpe Formen annimmt.

Es bleibt somit bei diesen Thieren, im Gegensatz zu jenen mit erhal-
tener Nierensecretion, das Wasser im Organismus zurück, es kommt zur
Entwicklung eines allgemeinen Hydrops.

XXI. Über die Beziehungen der Hautresorption zum centralen Nervensystem.

Es wurde im geschichtlichen Theile dieser Abhandlung einer Unter-
suchung von Goltz Erwähnung gethan, aus welcher hervorgeht, dass
Frösche, deren Gehirn und Rückenmark zerstört ist, die in die subcutanen
Lymphsäcke gebrachte Flüssigkeit nicht resorbiren.

Ich habe aber oben von Versuchen gesprochen, aus welchen mit der
grössten Bestimmtheit hervorgeht, dass Frösche trotz Zerstörung des ganzen
Nervensystems noch immer sehr beträchtliche Wassermengen durch die
Haut aufnehmen.

Ich befinde mich damit zu Goltz im Widerspruche.

Es liesse sich allerdings gegen meine Versuche der Einwand erheben,
dass sie sich eigentlich mit der Hautresorption beschäftigen, während die
Aussagen Goltz's sich auf Resorption von Lymphsäcken aus beziehen.

Ich habe, um diesen Einspruch zu beheben, auch die letztere Art von
Resorption zum Gegenstande einer Untersuchung gemacht und theile hier
einen Versuch mit, der in schlagender Weise demonstrirt, dass die Beobachtungen Goltz's nicht fehlerfrei waren.

Ich habe einem Frosche das Gehirn und Rückenmark zerstört und
hierauf unter die Rückenhaut 0,8 kbcm einer concentrirten Lösung von
indigschwefelsaurem Natron eingespritzt. Nach 24 Stunden erschien die
ganze Körperfläche, sowie die Eingeweide des Thieres, blau gefärbt.

XXII. Beobachtungen des Hautepithels in vivo.

Um zu einem näheren Einblick in die Mechanik der Wasseraufnahme zu gelangen, habe ich folgende Versuche angestellt.

Ein lichtgefärbtes, mässig grosses Exemplar von Rana esculenta wurde schwach curaresirt,[1] die Schwimmhaut auf einer Glasplatte ausgebreitet und unter continuirlicher Irrigation mit Wasser der optische Durchschnitt der Epithelschicht am freien Rande der Schwimmhaut beobachtet. Es ergab sich nun, dass die Höhe der Epithelschicht im Laufe etwa einer halben Stunde zu- und dann wieder abnahm. Die Schwankungen waren allerdings gering und betrugen durchschnittlich ein Zwölftel, oft nur ein Dreizehntel der ursprünglichen Höhe, liessen sich aber mit Hilfe eines Ocularmikrometers bestimmt nachweisen.

Bei Weitem prägnanter gestalteten sich diese Veränderungen, wenn ich durch die Schwimmhaut einige starke Inductionsströme schickte.[2] Sowie der erste Inductionsstrom eingebrochen war, schwoll die Epithelschicht etwa um ein Sechstel ihrer anfänglichen Höhe an. Wird in diesem Moment die Reizung sistirt, so kehrt die Zellschicht wieder auf ihre ursprüngliche Höhe zurück. Nicht selten — zumeist bei stark vergifteten Thieren — bleibt aber die Abschwellung des Epithels aus.

Mit starken Immersionslinsen kann man auch an diesen Zellen, des Besonderen an den tiefer gelegenen, eine langsam vor sich gehende Änderung der Structur und der Form des Zellleibes vor der Reizung und eine Beschleunigung dieser Bewegungsvorgänge während der Reizung beobachten.

Lehrreicher gestalten sich die Versuche an dem einfach geschichteten Epithel des Schwanzes von curaresirten Krötenlarven.

Die Dicke des optischen Durchschnitts dieser Zelllage ändert sich rascher und auffälliger als am entwickelten Thiere. An einer Stelle, wo vor wenigen Minuten der äussere Contour der Zellschicht vollständig glatt war, bildet derselbe eine wellenförmige Linie, deren Berge vergrösserten Zellen entsprechen. Wiederum einige Minuten später ist an Stelle des Wellenberges ein Wellenthal, oder umgekehrt an Stelle eines Wellenthales ein Wellenberg getreten.

Durch directe elektrische Reizung gewinnen diese Bewegungen gleichfalls an Intensität. Unmittelbar nach Schliessung des Stromes nehmen die dunkel pigmentirten Epithelzellen an Grösse zu, die in ihnen vorhandenen

---

[1] Es wurden 3—5 Tropfen einer weingelben Curarelösung injicirt.
[2] Die Anordnung der Reizvorrichtungen war genau dieselbe wie bei den Reizungen des Insectendarmes.

Pigmentkörner rücken mehr und mehr auseinander, und das dem Stäbchenorgane analoge Gebilde auf der äusseren Fläche der Zellen nimmt an
Dicke ab.

Es lässt sich ferner mit starken Immersionslinsen constatiren, dass
die Zellvergrösserung von den äusseren Zellabschnitten ausgeht. Hier beginnt das Auseinanderrücken der Pigmentkörnchen, und von hier schreitet
es gegen das untere Ende der Zelle zu.

Hat man nicht zu intensiv gereizt, dann rücken die Farbstoffkörner,
und zwar abermals in den äusseren Stücken der Zellen zuerst, wieder aneinander, die Zellen schwellen ab und gleichzeitig nimmt die dem Stäbchenorgan analoge äussere Schicht an Dicke zu.

Die Bewegungen an den Epithelzellen der Haut sind somit den an
den Darmzellen beobachteten analog, und diese Analogie gestattet auch, auf
analoge Leistungen der Epithelzellen des Darmes und der Haut zu schliessen.
Auch diese Zellen könnten daher durch ihre Contraction einen Resorptionsstrom erzeugen, der von der Körperoberfläche gegen das Körperinnere gerichtet sein müsste.

Dass thatsächlich derart gerichtete Flüssigkeitsströme durch die Haut
gehen, wurde schon oben gezeigt.

Wir wissen also jetzt, dass die Deckzellen der Froschhaut sich wie die
Epithelien des Darmes bewegen. Wir wissen, dass sie sich in dem Sinne
bewegen, um Flüssigkeit von aussen nach innen zu treiben. Und wir
wissen endlich, dass in der That Flüssigkeiten diesen Wegen entlang getrieben werden können, und zwar besser, wenn der Kreislauf erhalten,
weniger gut, wenn er gestört ist; dass aber Flüssigkeit noch aufgenommen
werden kann, selbst wenn das Centralnervensystem zerstört ist.

Wir wissen endlich, dass die von den Zellen der Haut aufgenommene
Flüssigkeit durch die Nieren in die Blase geleitet wird, dass aber diese
Aufnahme zu Ödemen führt, wenn die Nierenthätigkeit gestört ist.

Sowie wir auf der einen Seite gesehen haben, dass sich in der Made
der Körper mit Flüssigkeit tränkt, die man ihr in den Darm gebracht hat,
so sehen wir, dass sich der ganze Körper des Frosches mit der Flüssigkeit
tränkt, welche auf die Haut wirkt.

XXIII. Untersuchungen des lebenden Hornhautepithels.

In gleicher Weise, wie an den Deckzellen der Haut, gelangen auch an den Epithelzellen der Froschcornea unter geeigneten Umständen Volumsschwankungen zur Beobachtung.

Wenn man die Hornhaut eines lebenden Frühjahrsfrosches rasch herausschneidet und ohne Ausgleichung der Falten und ohne Entfernung der Iris, also ohne jede weitere Präparation, in einen Tropfen Froschblutserum einlegt und das Deckgläschen am Rande mit Öl umgibt, so wird man, wie dies schon durch Untersuchungen Engelmann's und Stricker's bekannt ist, keiner Epithelzellen gewahr. Am schönsten stellt sich diese Erscheinung an einem optischen Durchschnitte einer Hornhautfalte dar. Die Epithelschicht präsentirt sich hier in ihrer ganzen Dicke als ein continuirliches Lager einer äusserst fein gekörnten Masse, ohne auch nur die leiseste Andeutung einer zelligen Structur zu erkennen zu geben. Dabei ist die Epithelschicht nicht überall gleich dick. Ausserdem, dass sie am Scleralrande immer dünner als an den centralen Partien der Hornhaut ist, machen sich auch an den letzteren zuweilen recht ansehnliche Höhenunterschiede bemerkbar.

Lenkt man nun seine Aufmerksamkeit auf eine Stelle, an welcher die Epithelschicht eine möglichst geringe Höhe hat, so wird man die Beobachtung machen können, dass bald früher bald später — oft schon wenige Minuten nach der Anfertigung des Präparates, oft erst nach einer halben Stunde — die Höhe der Epithelschicht nach und nach grösser wird. Die Zunahme beträgt in der Regel ein Zwölftel oder ein Dreizehntel der ursprünglichen Höhe.

Sowie diese Erscheinung eingetreten ist, werden zumeist in den oberflächlichen Lagen der Schicht einzelne Pflasterzellen, bald darauf in den mittleren kubische, und endlich in den tieferen Lagen die pallisadenförmigen Zellen sichtbar. Nicht immer läuft die Erscheinung in der angeführten Reihenfolge ab. Oft werden zuerst die kubischen und dann erst die platten Zellen sichtbar, ja gelegentlich sah ich, wie sich die tiefsten Lagen zuerst in Zellen differenzirten.

Die Reihenfolge, in welcher die Zellen sichtbar werden, mag wie immer sein, stets gewinnt man den Eindruck, wie wenn eine ungeformte Masse sich in Zellen zerspalten würde.

Die weiteren Veränderungen gestalten sich, wie folgt. Entweder — und das ist die Regel — bleibt der in Zellen zertheilte Belag oft stundenlang unverändert, hierauf nimmt seine Dicke successive immer mehr und mehr bis zum Vierfachen ihrer anfänglichen Grösse zu. Dabei schwellen

die Zellen an, es treten in ihnen Vacuolen auf, endlich platzen sie und
stossen ihren Inhalt aus.

Oder aber es ereignet sich Folgendes. Die die epitheliale Schicht zusammensetzenden Zellen werden kleiner, ihre Umrisse verlieren immer mehr
an Schärfe, bis sie sich der Sichtbarkeit vollends entziehen, das heisst, die
aus Zellen bestehende Schicht wird wieder homogen, so wie sie es früher
war. Sind einmal die Zellen unsichtbar geworden, dann sinkt auch die
Dicke dieser Schicht auf ihre ursprüngliche Höhe zurück.

Das Homogenwerden der in Zellen aufgetheilten Schicht ist nur selten
zu beobachten. Es schien mir, als ob die Erneuerung des Blutserums demselben förderlich sein würde. Nichtsdestoweniger begegnet man Hornhäuten, bei denen auch dieser Kunstgriff sich als erfolglos erweist. In solchen Fällen bewährte sich folgendes Verfahren.

Ich setzte zu dem Präparate, dessen epitheliale Schicht deutlich in Zellen
sich abgetheilt hatte, einige Tropfen einer 5% wässrigen Atropinlösung zu.
Nach einigen Minuten verloren die Epithelzellen ihre scharfe Contourirung,
die Zellen nahmen dabei an Grösse ab, endlich verschwanden die Contouren
vollständig und die ganze epitheliale Schicht bot wieder dasselbe homogene
Aussehen, wie unmittelbar nach Herstellung des Präparates. In diesem Zustande verharrte der epitheliale Überzug nur einige Zeit, oft nur einige Minuten, oft sogar nur einige Secunden. Ich konnte jedoch, wenn ich den
Zusatz von Atropin wiederholte, die auftauchenden Zellen wieder zum
Verschwinden bringen. Die dabei mittelst eines Ocularmikrometers vorgenommenen Messungen ergaben, dass die epitheliale Schicht zur Zeit ihres
homogenen Aussehens die geringste, zur Zeit der Sichtbarkeit der Zellen
aber ihre grösste Höhe hatte.

Gegen die Ergebnisse dieser Messungen könnte eingewendet werden,
dass die Höhenabnahme der Epithelschicht nach Atropinzusatz dadurch begründet sei, dass durch die Vermehrung der Flüssigkeitsmenge zwischen
Deckglas und Objectträger das erstere vom Präparate abgehoben und dadurch
der Druck auf das Präparat verringert werde. Ich habe aber oben einen
Versuch mitgetheilt, bei welchem die im Blutserum liegende Hornhaut,
trotzdem dass der Rand des Deckglases mit Öl bestrichen, also eine Abnahme der Flüssigkeitsmenge (durch Verdunstung) gehindert war, dennoch
deutliche Schwankungen in der Dicke des vorderen Epithels zu erkennen gab.

Andrerseits brachte ich in Erfahrung, dass unter besonderen Umständen die Vermehrung der Flüssigkeitsmenge sogar eine Höhenzunahme der
epithelialen Schicht zur Folge haben kann.

Wenn ich nämlich zu einer frisch ausgeschnittenen Hornhaut, deren
epitheliale Zellen noch nicht sichtbar waren, destillirtes Wasser zusetzte,
nahm der epitheliale Beleg sofort an Höhe zu, und die Zellen wurden wie

mit einem Schlage sichtbar. Verdrängte ich aber nun das Wasser durch Atropin, so wurde, wenn das Wasser nicht zu lange eingewirkt hatte, die Höhe dieser Schicht geringer und die Zellengrenzen entzogen sich der Sichtbarkeit.

Angesichts dieser Versuche kann nicht bezweifelt werden, dass an das Homogenwerden der Epithelschicht eine Abnahme, und an ihre Sonderung in Zellen eine Zunahme ihrer Höhe geknüpft ist.

In analoger Weise wie der Zusatz von Wasser wirkt die Tetanisirung der frisch präparirten Hornhaut. An Stellen, an welchen die epitheliale Schicht homogen und sehr niedrig ist, wird beim Einbrechen der Inductionsströme [1]) diese Schicht höher und hierauf die Epithelzellen wie mit einem Schlage sichtbar. Hat man hingegen eine homogene, aber ziemlich hohe Partie des epithelialen Belags gereizt, dann werden die Zellen sichtbar, aber es bleibt die Höhenzunahme dieser Schicht aus. Die durch die elektrische Reizung sichtbar gewordenen Zellen quellen nach Sistirung der Reizung in der Regel immer mehr und mehr an und stossen ihren Inhalt aus.

Auch durch mechanische Reizung vermag man die epithelialen Zellen sichtbar zu machen. Es genügt, die eben ausgeschnittene Cornea einigemal auf dem Objectträger hin und her zu schleifen, um die Epithelzellen klar hervortreten zu lassen.

Zweckmässiger ist aber folgendes Verfahren. Ich ritzte mit einer Zupfnadel an irgend einer beliebigen Stelle den freien Rand einer Hornhautfalte und stellte dann auf den optischen Längsschnitt dieser Stelle ein. Es erschienen dann zu beiden Seiten der Rissstelle die Zellen in voller Klarheit, aber nur auf eine gewisse Entfernung hin. Von da ab waren die Zellen minder scharf contourirt und wurden in noch weiterer Entfernung vollständig unsichtbar. Die Dicke der epithelialen Lage ist an der Rissstelle am grössten. Erst von jener Stelle ab, an welcher die Zellgrenzen vollständig verschwunden sind, flacht sich die Höhe beiderseits successive ab.

Es lassen somit auch die Epithelzellen der Hornhaut eine Analogie zu den Darmepithelzellen erkennen. Diese Analogie wird noch bestimmter, wenn man die früher (pag. 62) angeführten Angaben Stricker's über die an den Epithelzellen der Hornhaut zu beobachtenden Bewegungsvorgänge in Betracht zieht.

Ob sich auch an die Volumsschwankungen der Hornhautepithelien ähnliche Leistungen knüpfen, wie an die Epithelzellen des Darmes oder der Haut, vermag ich auf Grundlage eigener Untersuchungen nicht anzugeben. Es lehrt aber die Literatur dieser Frage, dass einerseits eine Saftströmung durch die Epithelien der Hornhaut in der Richtung von innen nach

[1]) Anordnung der Reizapparate wie oben. Schlittendistanz 10—20 cm.

aussen nicht nachgewiesen ist. Es wurde zwar anfänglich das Vorhandensein solcher Ströme von Nic. Steno [1]), Leeuwenhoek [2]), Jean
Janin [3]), später von Lehmann [4]), Coccius [5]), His [6]) und Röhl-
mann [7]) behauptet, jedoch wieder von Martini [8]), Bowman [9]
Riesenfeld [10]), Laquer [11]) und Leber [12]) bestritten, indem sie zeigten.
dass nur an cadaverösen und hohem Injectionsdrucke ausgesetzten Augen
Flüssigkeiten durch die Hornhaut in der angegebenen Richtung durchge-
trieben werden können, dass aber an einem unter möglichst physiologischen
Verhältnissen sich befindenden Bulbus derlei Flüssigkeitsströme nicht zum
Nachweise gelangen.

Andererseits sprechen die Untersuchungen Ruiter's [13]) mit Wahrscheinlichkeit dafür, dass bei der Application von Atropin auf die Conjunc-
tiva bulbi sich im Epithel eine Saftströmung von aussen nach innen
geltend macht.

XXIV. Untersuchungen des lebenden Flimmerepithels.

Es ist durch zahlreiche klinische und experimentelle Erfahrungen un-
widerlegbar sichergestellt, dass auch mit Flimmerzellen bekleideten
Schleimhäuten ein Resorptionsvermögen von grosser Intensität zukommt.
Bei keinem Gewebe erhoben sich aber bei der Erklärung der Resorptionsvorgänge so ansehnliche Schwierigkeiten, wie für die flimmernden
Schleimhäute. Die Filtrationstheorie konnte hier desshalb keine Anwen-
dung finden, weil die flimmernden Schleimhäute zumeist Röhren ausklei-
den, welche kräftiger Contractionen gar nicht fähig sind. Gegen die Heran-
ziehung der Diffusionshypothese sprach hinwieder der Umstand, dass durch
die Oscillationen der Cilien ein länger andauernder Contact zwischen den
Zellen und der zu resorbirenden Flüssigkeit, wie ihn die Diffusionshypothese voraussetzt, behindert wird.

Meine Untersuchungen haben nun ergeben, dass auch die Flimmerzellen sich in manchen Stücken hier analog den Cylinderzellen des Darmes
verhalten.

1) De musc. et glandul. Observat. 1664. — 2) Epist. de format. hum. cryst. 1684.
3) Mém. et observ. sur l'oeil. Paris 1772. — 4) De rationibus hum. aquosi. 1846.— 5) Über
die Ernährungsweise der Hornhaut. Leipzig 1852. — 6) l. c. — 7) Arch. f. Ophthalmol.
Bd. 23. — 8) Von dem Einfluss der Secretionskrankheiten. 1843. — 9) Lectures on the
parts concerned in the operations on the eye. 1849. — 10) Zur Frage über die Trans-
fusionsfähigkeit der Cornea. Berl. 1871. Inaug.-Dissert. — 11) Über die Durchgängigkeit
der Hornhaut. Medic. Centr. 1877, No. 37. — 12) Arch. f. Ophthalm. XIX. 1873.
13) Nederl. Lancet III. 433. Onderz. gedaan in het phys. labor. Utrecht VI.
1853, 1854.

Es lässt sich nämlich auch an den Flimmerzellen zeigen, dass sie auf elektrische oder mechanische Reize hin ihr Volumen vergrössern und nach Sistirung der Reizung wieder verringern. Ich habe dieses Phänomen zwar nicht an den cylindrischen Flimmerzellen, sondern an den flimmernden Pflasterzellen studirt. Ich glaube aber, dass dieser Umstand meinen Mittheilungen keinen nennenswerthen Eintrag thun kann, da es ja im gegenwärtigen Augenblicke nur allein darauf ankommt, den Resorptionsvorgang an flimmernden Zellen überhaupt kennen zu lernen. Ich habe, wie folgt, untersucht.

Es wurde aus der Mundhöhle des Frosches ein Stückchen Schleimhaut, von der Umschlagstelle derselben auf die untere Zungenfläche, abpräparirt, in einen Tropfen Mundhöhlenschleim desselben Thieres eingelegt, hierauf eine Falte geschlagen und das Deckglas an den Rändern mit Öl bestrichen. Im optischen Längsschnitte derselben erblickt man nun eine Lage ziemlich dicker, flimmernder Pflasterzellen.

Diese Zellen werden, wie Messungen mit dem Ocularmikrometer lehren, bald hier bald dort um ein Geringes dicker oder dünner. Etwas auffälliger werden die Veränderungen, wenn man das Deckglas mit einer Zupfnadel betupft. Dabei erfolgt die Vergrösserung der Zellen in der Regel mit ziemlich grosser Geschwindigkeit, während der Rückgang der Zellen sich um vieles träger, oft erst innerhalb 15—30 Minuten vollzieht. Dass die Zellvergrösserung nicht etwa die Folge des auf das Deckglas ausgeübten Druckes ist, folgt daraus, dass einerseits der Druck derart ausgeübt wurde, dass er nur eine leise Erschütterung des Präparates bewirkte, und dass andererseits mit der Sistirung der Druckwirkung, das Präparat augenblicklich in seine ursprüngliche Lage zurückkehrt, während die Zellen noch immer im Stadium der Schwellung verharren.

Von gleicher Wirkung ist die Tetanisirung der flimmernden Plattenzellen. Oft genügt ein einziger Inductionsschlag [1]), um die flimmernden Plattenzellen in cubische, ja zuweilen cylindrische Flimmerzellen umzuwandeln.

Bei zu langer Reizdauer werden hingegen die Zellen immer grösser, die Cilien stellen ihre Bewegung ein, die Zellen platzen an ihrem oberen Ende und entleeren ihren Inhalt. Die entleerten Zellen zeigen sehr oft das Aussehen von Becherzellen.

Eine Rückkehr der tetanisirten Flimmerzellen zur ursprünglichen Grösse habe ich nur zweimal, aber mit aller Bestimmtheit beobachtet. Dagegen gelingt es mit grosser Sicherheit, flimmernde Cylinderzellen in flimmernde platte Zellen durch Zusatz einer $2^0/_0$ Kochsalzlösung zu überführen.

---

[1]) Reizvorrichtung wie früher. Schlittendistanz 10 cm.

Ich habe aus dem Grunde eine Lösung von einem so hohen Prozentgehalte gewählt, weil dünnere Lösungen auf Zellen, welche in dem dicken Mundhöhlenschleim mikroskopirt werden, nur sehr schwer einwirken. Ja ich musste sogar bei Präparaten, zu deren Anfertigung ich grössere Mengen Schleim benutzte, eine noch concentrirtere (3%) Lösung in Gebrauch ziehen, eine Lösung, welche,' auf die Zellen direct applicirt, dieselben allsogleich zerstört.

Die Umwandlung des Cylinders in eine Platte geht dann ungemein rasch vor sich, ohne dass an der Thätigkeit der Cilien irgend eine Störung zu beobachten wäre. Ich bin mir wohl bewusst, dass diesen Versuchen gegenüber der Einwand entgegengehalten werden kann, dass es sich hier nicht um eine active Contraction von Zellen, sondern vielmehr um eine Schrumpfung in Folge von Wasserentziehung handle. Ich vermag auch diesen Einwand nicht gänzlich zu entkräften. Aber es bleibt immerhin zu erwägen, ob in diesem Falle die Volumabnahme der Zellen glattweg als ein Schrumpfungsvorgang angesehen werden darf. Wir wissen ja doch, dass schon ein geringer Wasserverlust das Leben der Zellen vernichten kann. Und wie viel mehr müsste es bei einer so mächtigen Wasserentziehung der Fall sein, die die Umwandlung eines cylindrischen Zellkörpers in eine dünne Platte zur Folge hat? Die der Kochsalzwirkung ausgesetzten Zellen sind aber nicht todt; denn die Cilien der platt gewordenen Zellen schwingen ebenso lebhaft wie die der cylindrischen.

Ich kann für die Richtigkeit meines Standpunktes noch eine andere Erfahrung anführen.

Spritzt man die Mundhöhle des Frosches mit einer 2% Kochsalzlösung aus, so wird man an ausgeschnittenen Schleimhautstücken plattenförmige Flimmerzellen finden. Untersucht man aber ein frisch ausgeschnittenes Schleimhautstückchen desselben Thieres etwa zwei Stunden später, so erscheinen die Flimmerzellen wieder in der Form von Cylindern. Die durch Kochsalzeinwirkung platt gewordenen Flimmerzellen haben sich somit wieder in flimmernde Cylinder umgewandelt, ein Beweis, dass die Zellen von der Kochsalzlösung nicht getödtet worden sind.

C. Secretion.

I. Historische Bemerkungen.

Stricker und **Spina** haben in der schon erwähnten Abhandlung »Untersuchungen über die mechanischen Leistungen der acinösen Drüsen« eine neue Theorie der Secretion aufgestellt.

Dieser Theorie haben wir auf pag. 40 der citirten Abhandlung, wie folgt, Ausdruck verliehen: »Auf den Nervenreiz entleert die Drüse der Froschhaut ihr Secret und ladet sich zugleich mit neuer Flüssigkeit aus ihren Bezugsquellen. Diese doppelte Leistung wird einerseits durch die Einschrumpfung der äusseren Contouren, durch die Contraction des Acinus und andrerseits dadurch aufgebracht, dass die sich vergrössernden Zellen den Inhalt des Acinus vor sich hertreiben, richtiger gesagt, vor sich hertreiben helfen, während sie sich von aussen her füllen. Wenn der Nervenreiz nachlässt, kehren die Zellen auf ihren früheren Zustand zurück, sie contrahiren sich und entleeren ihre Ladung in den Drüsenacinus. Während der Dauer des Reizes werden also die Zellen geladen, nach dem Reize geben die Zellen ihre Ladung her, um damit den Drüsenraum zu laden.

In einem Nachtrage, welchen **Heidenhain** seiner Darstellung der Physiologie der Absonderungsvorgänge anfügt [1]), findet sich in einer gegen die Theorie von **Stricker** und **Spina** gerichteten Polemik zunächst folgende historische Berichtigung des Thatbestandes vor :

»Die Vergrösserung der Zellen bei der Reizung, welche bereits **Engel-mann** [2]) beschrieben, halten **Stricker** und **Spina** für eine active Expansion, in deren Folge Flüssigkeit durch die Drüsenwand angesogen wird :

---

1) **Hermann's** Handbuch der Physiologie. V. Band.
2) Hautdrüsen des Frosches. Pflüg. Arch. V. Bd. 1872.

doch geben sie die Möglichkeit zu, dass die Vergrösserung auch Folge einer
auf irgend eine andere Weise herbeigeführten Überführung von Flüssigkeit
in die Zelle sein könne.«

Dieser Darstellung gemäss könnte es scheinen, als ob E n g e l m a n n
an den Drüsenzellen eine Entdeckung gemacht habe, die später von
S t r i c k e r und S p i n a zum Aufbau einer Hypothese benutzt wurde, ja
von welcher S t r i c k e r und S p i n a selbst zugeben, dass sie nicht auf ein-
deutigen Beobachtungen beruhe. In Wirklichkeit hat sich aber die Sache
ganz anders verhalten.

E n g e l m a n n hat wohl eine Vergrösserung der Drüsenzellen der Nickhaut nach Einwirkung von Ammoniak oder Chloroform auf dieselbe beobachtet.

E n g e l m a n n bezeichnet aber diese Vergrösserung als eine Quellung
und hebt ausdrücklich hervor, dass die Quellung nicht a l s d e r A u s d r u c k
e i n e r E r r e g u n g d e r E p i t h e l z e l l e n a u f g e f a s s t w e r d e n d a r f.
In einem zweiten Aufsatze[1] kommt E n g e l m a n n noch einmal auf
diese Frage zurück mit den Worten:

»Nun ist aber der Quellungszustand des Drüsenepithels, auch der der
oberflächlichen Protoplasmalage, wie wir früher fanden, in höchst empfind-
licher Weise abhängig von der Contraction der die Haut tränkenden Salz-
flüssigkeit.

Indem E n g e l m a n n im Verlaufe dieses Aufsatzes seine Aufmerksamkeit den angeblich nur von den Muskelfasern ausgehenden elektromoto-
rischen Kräften zuwendet und hervorhebt, dass die Flüssigkeitsströmung
aus dem umgebenden Gewebe in die Drüsenhöhle durch die elektromoto-
rischen Kräfte bewirkt wird, schliesst er den Absatz mit folgenden Worten:

»Das eigentliche Drüsenepithel, dessen Hauptverrichtung nur auf der
chemischen Seite des Absonderungsprocesses, in der Bereitung specifischer
Secretbestandtheile gesucht werden kann, spielt hierbei einfach die Rolle
einer feuchten Membran.«

E n g e l m a n n war also weit entfernt, die Vergrösserung der Zellen
als einen Erfolg der Reizung anzusehen. Auch hat er diese Vergrösserung
weder bei der directen elektrischen Reizung der Drüsen gesehen, noch
auch bei Reizung der Drüsennerven constatirt.

Wenn daher H e i d e n h a i n den Satz »die Vergrösserung der Zellen
bei der Reizung, welche bereits E n g e l m a n n beschrieben«, ohne Commen-
tar und ohne Einschränkung hinstellt, so ist das an und für sich geeignet,
eine falsche Meinung wach zu rufen, die Meinung nämlich, dass E n g e l -
m a n n diese Vergrösserung als eine Erscheinung beschrieben habe, welche
sich an die Reizung der Drüsen knüpft.

---

[1] Pflüger's Archiv. Bd. VI, pag. 120.

Die zweite Hälfte des bereits citirten Satzes sagt aus, dass S t r i c k e r und S p i n a die Vergrösserung, welche E n g e l m a n n beschrieben, für eine active Expansion halten, und dadurch, glaube ich, wird unsere Arbeit in ein ganz falsches Licht gestellt.

Wir haben zunächst auf die Vergrösserung durch chemische Reagentien gar keinen Werth gelegt, wir haben ihrer in unserem Aufsatze nur desshalb Erwähnung gethan, um zu zeigen, dass man daraus die Schlüsse, die wir aus unserer Beobachtung ziehen, nicht ziehen darf, und dass sie E n g e l - m a n n auch nicht gezogen hat.

Wir haben die Nickhaut elektrisch gereizt und haben bei dieser Reizung ohne Ausnahme eine Vergrösserung der Zellen beobachtet. Dies hat E n g e l m a n n nicht gesehen. Wir haben ferner die Zellvergrösserung auch bei Nervenreizung beschrieben und diesbezüglich hebt E n g e l m a n n ausdrücklich hervor, dass er auch darnach gesucht habe, ob die Drüsenzellen bei Nervenreizung quellen, aber zu keinem entscheidenden Resultate gelangt sei.

Unsere Beobachtung von der Vergrösserung der Zellen bei Reizung stützt sich also auf ganz andere Thatsachen, als dies bei E n g e l m a n n der Fall ist. Ich muss es somit entschieden in Abrede stellen, dass wir die von E n g e l m a n n beschriebene Vergrösserung der Zellen zur Grundlage irgend einer Hypothese benutzt haben.

Die Erscheinungen, welche wir in unserem Aufsatze discutirt haben, die sichtbare Zellvergrösserung nämlich, welche sich unmittelbar an die electrische Reizung der Nickhaut oder an die elektrische Reizung der Drüsennerven knüpft, diese Erscheinungen haben w i r entdeckt.

Wir haben ferner entdeckt, dass diese Vergrösserung, die oft ein Mehrfaches des ursprünglichen Zellvolumens beträgt, nach der Reizung wieder rückgängig wird. Wir haben des Weiteren gefunden, dass die innere Zeichnung der Drüsenzelle schon vor der Reizung allerdings sehr langsame Bewegungen erkennen lässt, Bewegungen, deren Analogie mit den bekannten und allgemein für vital angesehenen inneren Bewegungen der amöboiden Zellen wir ausdrücklich betont haben.

Wir haben endlich entdeckt, dass diese inneren Bewegungen der lebenden Zellen mit dem Einbrechen der Inductionsschläge so lebhaft werden, dass der Zellleib in ein förmliches Fliessen geräth, und dass diese Bewegungen es sind, welche die Vergrösserung der Zelle herbeiführen.

Diese Beobachtungen haben uns veranlasst, die im Gefolge der Reizung eintretende Zellvergrösserung für eine vitale zu halten.

An diesen Beobachtungen hat E n g e l m a n n nicht den geringsten Antheil.

Ich habe noch eine andere Angabe der citirten Polemik richtig zu stellen.

Heidenhain sagt: »— doch geben sie (Stricker und Spina) die Möglichkeit zu, dass die Vergrösserung auch Folge einer auf irgend eine andere Weise herbeigeführten Überführung von Flüssigkeit in die Zelle sein könne.«

Wir hätten das zugegeben? Wir führen diese Möglichkeit erst mit den Worten ein : »Man könnte sagen, dass es sich so verhalte.« Dann führen wir einige Beobachtungen an und schliessen, dass jene Möglichkeit durch diese Beobachtungen zwar nicht ganz ausgeschlossen, aber doch sehr unwahrscheinlich gemacht werde. Dann aber gehen wir zu der Mittheilung weiterer Beobachtungen über und schliessen : »Unsere Versuche lehren also, dass der zweite Theil der Alternative (das ist eben jene Möglichkeit, von der Heidenhain sagt, wir hätten sie zugegeben) unwahrscheinlich sei, und dass wir annehmen müssen, »die Drüsenzellen gerathen durch den Nervenreiz in Bewegung und die Vergrösserung der Zellen sei eine Folge dieser Bewegung«. Dieses Citat spricht wohl deutlich genug.

Wir haben die Möglichkeit, dass die Zellen in Folge des Eindringens grösser werden, discutirt, aber nicht zugegeben. Wir haben diese Möglichkeit bekämpft, wir haben erklärt. dass wir das Gegentheil annehmen müssen.

Die Discussion der Einwände, welche Heidenhain gegen unsere Hypothese erhoben, lasse ich vor der Hand unberührt. Es wird sich später nach Mittheilung meiner Versuche die Bedeutung dieser Einwände ohnehin von selbst ergeben.

Ich wende mich nunmehr zu den thatsächlichen Angaben, welche Engelmann[1], über die Vergrösserung der Zellen gemacht hat.

Dass sich Zellen auf Zusatz von gewissen Reagentien vergrössern, das hat man längst gewusst. Die Annahme ferner, dass diese Vergrösserung eine Folge der Quellung sei, ist gleichfalls nicht neu. Diese Annahme gehört zu den herrschenden Lehren in der Histiologie. Über eine Beobachtung hat aber Engelmann berichtet, die zwar, wie ich zeigen werde, auch nicht neu war, die jedoch nicht der herrschenden Lehre entsprach. Engelmann hat nämlich gefunden, dass die seiner Meinung nach durch Quellung herbeigeführte Vergrösserung der Zellen in gewissen Fällen vorübergehend sei, dass die Zellen wieder schrumpfen und dadurch das Lumen der Drüse wieder zum Vorschein kommt, trotzdem die Concentration des Mediums, in dem die Zellen lagen, nicht zugenommen hatte. Engelmann war durch die Beobachtung wohl zu der Meinung veranlasst, als ob die Vergrösserung demnach als der Ausdruck eines Erregungsprocesses zu betrachten sei. Er verlässt aber diese Meinung und schliesst seine Betrachtung mit den Worten, welche ich schon citirt habe, dass die Vergrösserung gleichfalls nicht als Ausdruck einer Erregung der Epithelzellen aufgefasst werden darf. Engelmann

---

1) Pflüger's Archiv. Bd. V.

hat aber diese Meinung ohne zwingende Gründe aufgegeben. Weil er auf
Nervenreize hin eine Vergrösserung der Drüsenzellen nicht zu constatiren
vermochte, gibt er die Annahme auf, dass die Vergrösserung überhaupt die
Folge einer Erregung sei.

Was Engelmann auf Nervenreize hin nicht zu constatiren vermochte,
war immerhin nicht ausgeschlossen. Was ferner durch den Nervenreiz an
einem curaresirten Thiere nicht in Erscheinung tritt, kann ja immerhin bei
wirksameren, directen Reizen zur Erscheinung kommen. Wenn endlich
aus den Erfahrungen Engelmann's nicht ersichtlich zu machen war, dass
die Vergrösserung der Zellen das Ergebniss einer Erregung sei, so ging
doch daraus mit grosser Wahrscheinlichkeit hervor, dass sie nicht Folge der
Quellung sei, denn Engelmann bietet an keiner Stelle seiner Abhandlung genügenden Grund, die Vergrösserung der Zellen als ein Quellungs-
phänomen anzusehen.

Endlich erlaube ich mir hier die Bemerkung, dass auch die Kenntniss
von der variablen Grösse der Drüsenzellen der Nickhaut älter ist, als die
diesbezüglichen Angaben Engelmann's, und ich will zum Belege hierfür eine Stelle aus Stricker's Handbuch für Histiologie wortgetreu ci-
tiren. Stricker sagt in dem Kapitel »Allgemeines über die Zelle« pag. 20
Absatz 3 und 4:

»An den flaschenförmigen Drüsen der Nickhaut des Frosches sieht
man, dass das Volumen der Drüsenzellen grossen Schwankungen unterliegt.
Bald ragen die Zellen so weit in das Lumen hinein, dass das letztere auf
einen sehr kleinen Rest reducirt ist, bald sind die Zellen so contrahirt, dass
die Drüse einer von Epithelzellen ausgekleideten Blase gleicht. Es ist
dieser Zustand nicht leicht anders zu deuten, als dass die Drüsenzellen durch
Contraction Flüssigkeit aus ihrem Leibe gepresst haben.

Es ist also wahrscheinlich, dass vorübergehend grössere oder geringere
Mengen Flüssigkeit in dem Protoplasma enthalten sind, und dass jene unter
Umständen auf ein ausserordentlich geringes Maass reducirt werden kann.«

In dieser Äusserung wurde Stricker durch die Untersuchung der
lebenden Nickhaut geführt. An den eben ausgeschnittenen normalen und
in Kammerwasser ausgebreiteten Nickhäuten konnte von einer Quellung
nicht gut die Rede sein, und dies umsomehr nicht, als in einer und derselben Nickhaut die Zellen in verschiedenen Grössen nebeneinander anzutreffen sind.

II. Untersuchungen über die Richtung des Secretionsstromes.

1) Ich werde vorerst zeigen, dass die Zellen der Hautdrüsen des Frosches bei ihrer Vergrösserung nicht die Flüssigkeit aus dem Acinus der Drüse beziehen.

Ich habe ein frisch ausgeschnittenes Hautstückchen von der inneren Fläche des Oberschenkels einer kleinen Rana esculenta mit der unteren Fläche nach oben in einem Tropfen Blutserum vorsichtig ausgebreitet, und hierauf eine Falte geschlagen. Ich stellte nun auf den natürlichen Längsschnitt der Hautdrüsen an der Umschlagsstelle ein und schickte durch das Präparat bei einer Schlittendistanz von 20 cm einige Inductionsschläge. Alsbald contrahirten sich die Drüsen und ihr Secret schoss wie Wasser aus einer Spritze hervor. Die ausgepresste Flüssigkeit sonderte sich aber deutlich von dem sie umgebenden Blutserum ab, indem sie sich sofort zu Tropfen formirte, so dass man in günstigen Fällen so viele Schleimklümpchen erblicken konnte, als die Umschlagsstelle Drüsen enthielt.

Vergleicht man nun den Durchmesser eines derartigen Secrettropfens mit jenem, den die betreffende Drüse vor der Reizung besass, so wird sich bald gar kein, bald nur ein sehr geringer Unterschied ergeben. Die Secretklümpchen sind also nahezu ebenso gross, als der Raum des Acinus der betreffenden Drüsen. Die Annahme also, es könnten sich die Drüsenzellen bei ihrer Vergrösserung mit dem Inhalte des Acinus laden, ist daher unwahrscheinlich.

2) Ich gehe nun an die Erhärtung des Satzes, dass die Drüsenzellen die Flüssigkeit von aussen her beziehen. Ich war bemüht, den eben ausgesprochenen Satz an den Nickhaut- oder Cutisdrüsen des Frosches zu erweisen. Meine Versuche blieben aber ohne Erfolg. Die genannten Drüsen sind derart im Parenchym vergraben, dass sie sich für die Experimente, von welchen ich später sprechen werde, als vollständig unbrauchbar erwiesen. Ich sah mich daher benüssigt, an Drüsen anderer Art zu experimentiren.

Die Erfahrungen, welche ich gelegentlich meiner Resorptionsversuche mit Farbstoffen gemacht habe, bewogen mich, auch den Weg des Secretionsstromes mit Farbstoffen kenntlich zu machen. Dies ist mir nun bei der Stubenfliege und ihrer Larve, wie ich glaube, vollständig gelungen.

Im vorderen Körperabschnitt der Fliegenmade liegt zu beiden Seiten des Nahrungsrohres je ein nach vorne blind endigender Drüsenschlauch, der unterhalb des rundlichen Magens in den Darm einmündet. An dem vorderen blinden Ende der Drüse inserirt sich ein Streifen eines fibrillirten Gewebes, mittelst dessen der Drüsenschlauch in seiner Lage fixirt wird.

An dem Drüsenschlauche selbst bemerkt man eine structurlose Haut, die Membrana propria, und an ihrer inneren Fläche eine Lage von Zellen — die Drüsenzellen. Der äusseren Fläche der Membrana propria liegen einzelne, weit abstehende Muskelzellen auf, welche den Drüsenschlauch ringförmig einfassen.

Wenn ich eine eben ausgekrochene Made zwei Tage hindurch mit in Methylviolett gefärbtem Fleische gefüttert habe, so fand ich bei der mikroskopischen Untersuchung des lebenden Thieres das in dem Drüsenschlauche befindliche Secret dunkelblau, die Drüsenzellen hellblau; in derselben Farbe erschien auch die Flüssigkeit, welche die Leibeshöhle des Thieres erfüllt und die Drüsenschläuche unmittelbar umspült.

Ist man auf ein kräftiges, sich lebhaft bewegendes Thier gerathen, dann sieht man, dass sich beide Drüsenschläuche rhythmisch zusammenziehen, und dass bei jeder Verengerung des Drüsenschlauches die Drüsenzellen an-, bei jeder Erweiterung abschwellen. Durch diese Bewegungen wird die im Drüsenraume vorhandene Flüssigkeit gegen die Einmündungsstelle der Drüse hin gedrängt. Stellt man nun, wenn die Drüse im Gange ist, auf die Einmündungsöffnung derselben in den Darm ein, so sieht man, wie von Zeit zu Zeit kleine Mengen des blaugefärbten Drüseninhaltes aus der Drüse in den Darmkanal übertreten. Diese Beobachtung allein genügt, den Satz, dass die Drüsen sich von aussen her laden, auf das bestimmteste zu beweisen. Das blaugefärbte Secret kann ja von nirgends her stammen, als aus der die Leibeshöhle erfüllenden, blaugefärbten Flüssigkeit. Der Einwand, es könnte das Secret von dem im Darmkanale vorhandenen Farbstoffe gefärbt worden sein, was ja bei dem Umstande, dass die Drüsen in den Darm einmünden, immerhin möglich wäre, ist unzulässig, da man das Secret auch dann gefärbt antrifft, wenn man der Larve das Methylviolett in der früher (Seite 53) angegebenen Weise subcutan beibringt. Ich kann aber für die Richtigkeit des oben angeführten Satzes noch zwingendere Belege anführen.

Unter stärkeren Vergrösserungen untersuchend (1000 linear), sah ich zuweilen bei einer energisch ausgeführten Dilatation des Drüsenrohres, dass sich die Zellen während ihrer Contraction plötzlich bald mehr bald weniger entfärbten. Ja ich konnte in einzelnen Fällen ein vollständiges Erblassen der sich contrahirenden Zellen und den Wiedereintritt der Färbung an den sich expandirenden Zellen mit aller Sicherheit beobachten.

Es kann somit keinem Zweifel unterliegen, die Zellen nehmen bei ihrer Vergrösserung blaue Flüssigkeit auf und geben sie bei ihrer Verkleinerung wieder ab.

Da ich nun oben gezeigt habe, dass das im Drüsenraume vorhandene
Secret von aussen stammt, da ich ferner gezeigt habe, dass sich dieses Secret
in den Darmkanal ergiesst, und dass in dem Maasse, als dies geschieht,
neues Secret von der Drüse erzeugt wird, so muss angenommen werden,
dass die von aussen her geladenen Zellen bei ihrer Contraction die angesaugte Flüssigkeit an das Drüsenlumen abgeben.

III. Beobachtungen an muskellosen Drüsen.

Zu beiden Seiten des Darmes der Stubenfliege verläuft je ein kurzer
Drüsenschlauch, der sich gegen den Thorax zu in mehrere blind endigende
Äste verzweigt.   Dem unbewaffneten Auge bietet sich derselbe als ein
äusserst dünner Faden von brauner Farbe dar. Die Drüsenäste werden von
dünnen, aus Bindegewebe, quergestreiften Muskelfasern und Tracheen be-
stehenden Strängen an den verschiedenen Organen der Bauchhöhle fixirt.
Das untere Ende des Drüsenschlauches mündet in den Darm ein.

Unter dem Mikroskop (800 linear) erkennt man an den Drüsenästen
eine Membrana propria, welche an ihrer inneren Fläche eine Lage grosser
Drüsenzellen trägt.   Das Protoplasma der Zellen ist von zahlreichen, bald
hell-, bald dunkelbraunen Körnchen durchsetzt und enthält einen grossen,
undeutlich contourirten Kern von einer ovalen, oft auch sternförmigen
Gestalt. Die Zellen sind von variabler Grösse und prominiren in der
Regel derart in das Drüsenlumen, dass dasselbe auf einen dünnen, wellig
verlaufenden Kanal reducirt erscheint. Nach vorne gegen das blinde Ende
zu nehmen die Zellen immer mehr an Dicke ab, bis sie nur mehr als ganz
dünne Platte erscheinen. Dem entsprechend erweitert sich auch der
Drüsenkanal, je näher man zu dem blinden Drüsenende fortschreitet. Die
Zellen werden an ihrer der Lichtung zugekehrten Seite von einer Haut bekleidet, welche in ihren physicalischen Eigenschaften mit der Tunica intima
des Darmes vollständig übereinstimmt und an der Einmündungsstelle der
Drüse in den Darm sich als die unmittelbare Fortsetzung der Tunica intima
des Darmes präsentirt. Diese Haut ist, so lange der Drüsenschlauch unver-
zweigt bleibt, von ansehnlicher Dicke und deutlich gestrichelt, wird aber
bei ihrem Eintritt in die Drüsenäste immer dünner, bis sie an den abge-
platteten Zellen sich der Sichtbarkeit entzieht. Das Secret der Drüsen besteht aus einer Flüssigkeit und farblosen, rundlichen, concentrisch geschichteten Körpern von verschiedener Grösse. In den unteren, der
Einmündung in den Darm näher gelegenen Drüsenabschnitten erscheinen
auch kleine braune Körnchen dem Secrete beigemengt.

Muskelzellen gehen, das Einmündungsstück ausgenommen, diesen Drüsen vollständig ab.

Das eben entworfene Bild bezieht sich auf Drüsen, welche ohne jedweden Zusatz nur in dem Safte des Insectes selbst untersucht wurden. Es hat den Anschein, als ob diese Drüsen den gelben Malpighi'schen Gefässen Leydig's — auch Gallenschläuche genannt — entsprechen würden.

Doch zeigen die von mir beschriebenen Drüsen darin eine Besonderheit, dass sie nicht wie die Gallenschläuche Leydig's in Anastomose mit einem anderen Drüsensysteme, den »weissen Malpighi'schen Gefässen«, stehen, sondern einen Drüsencomplex für sich bilden. Ich werde mich aber trotzdem der Kürze halber der Bezeichnung »Gallenschläuche« bedienen, ohne damit präjudiciren zu wollen, dass diesen Drüsen die Function, der Gallenbereitung zufalle, oder dass sie mit den »weissen Malpighi'schen Gefässen« anastomosiren. Den Larven der Stubenfliege kommen gleichfalls Drüsen dieser Art zu. Nur erscheinen dieselben in kleineren Dimensionen aufgebaut, und es gehen dem Secrete die braunen Körner ab.

Die Untersuchung lebender Larven ergibt, dass die Gallenschläuche äusserst träge Drüsen sind. Erst im Verlaufe einer bis zwei Stunden dauernden Beobachtung konnte ich an ihnen folgende Veränderungen wahrnehmen.

Ich sah, dass ein Drüsenschlauch mit weitem Lumen und grossen plattenförmigen Zellen sich in einen Drüsenschlauch mit engerem Lumen und kleineren, rundlichen Zellen verwandelte. Nach einer geraumen Zeit wurde das Lumen wieder weiter und die Zellen grösser. Dieselben Veränderungen sah ich nach Tetanisirung der ganzen Larve auftreten.

An den Gallenschläuchen des entwickelten Insectes konnte ich durch elektrische Reizung niemals derlei Vorgänge nachweisen, wohl aber, wenn ich die Gallenschläuche der Einwirkung einer 1%, Kochsalzlösung aussetzte. Ich bemerkte dann eine Verengerung des Lumens und eine Verkleinerung der Zellen, der allsogleich eine Erweiterung der Lichtung und Vergrösserung der Zellen folgte, genau in der Weise, wie ich es in vivo nach Tetanisirung von Larven gesehen habe.

Die eben beschriebenen Vorgänge sind nach doppelter Richtung hin bemerkenswerth. — Wir sehen einerseits, dass Drüsenschläuche, die der Musculatur vollständig entbehren, sich zusammenziehen und wieder ausdehnen können.

Andrerseits lehren die mitgetheilten Beobachtungen, dass sich die Bewegungsvorgänge an den Drüsen ohne Muskelzellen anders gestalten, als an Drüsen, welche mit einer Muskelschicht versehen sind.

Ich habe früher berichtet, dass die Vergrösserung der Drüsenzellen in den untersuchten muskelhaltigen Drüsen an das Kleinerwerden und die

Verkleinerung der Zellen an das Grösserwerden des Drüsenlumens geknüpft ist. Anders bei den genannten muskellosen Drüsen. Hier contrahiren sich die Zellen dann, wenn sich das Lumen verengt und expandiren sich dann, wenn sich das Lumen expandirt.

Das eben besprochene Verhalten der Gallenschläuche scheint auch für andere muskellose Drüsen Geltung zu haben. Ich kann nämlich zeigen, dass noch ein anderes Drüsensystem der Stubenfliege auf Reize hin in derselben Art reagirt wie die Gallenschläuche. Ja die in Frage stehenden Bewegungsvorgänge sind an diesen Drüsen nach mancher Richtung hin um vieles ersichtlicher als an den Gallenschläuchen zu beobachten. Da ich noch Anlass finden werde, von diesen Drüsen des Weiteren zu sprechen, so will ich die anatomische Beschreibung derselben gleich hier erledigen.

Die Drüsen — vier an der Zahl — erscheinen als lange, blind endigende Schläuche, welche, die Bauchhöhle des Thieres durchziehend, parallel mit dem Darme und ihm zur Seite verlaufen und in den Enddarm — bei Weibchen unterhalb des Ovariums — einmünden. Auch diese Drüsen besitzen gleich den Gallenschläuchen an ihren blinden Enden Aufhänge-bänder.

Im Blute des Insects untersucht, präsentirt sich jeder Schlauch als ein geräumiger Hohlcylinder, dessen Wand von einer Lage platter, polygonaler Zellen — wie etwa eine aus Steinplatten geformte Röhre — gebildet wird.

Sowohl an der äusseren wie an der inneren Fläche wird jeder Hohl-cylinder von einer dünnen, structurlosen Membran, der Tunica propria und der Tunica intima, überkleidet. Auch diesen Drüsenschläuchen gehen Mus-kelzellen vollständig ab. Erst in der Nähe der Einmündungsstelle, wo jeder Drüsenschlauch den Charakter eines Ausführungsganges annimmt — die Zellen nehmen hier an Grösse ab und an Stelle der Tunica intima erscheint eine chitinöse Membran — legen sich an den Drüsenschlauch einige quer-gestreifte Muskelfasern, eine Längsmuskelschicht formirend, an.

Allem Anschein nach entsprechen diese Drüsen den Malpighi'schen Gefässen der Autoren. Dem entsprechend werde ich auch diese Gebilde »Malpighi'sche Gefässe« nennen.

Wenn ich nun zu den frisch präparirten Drüsen einen Tropfen einer 0,5 % Kochsalzlösung zusetzte, so wurden die Zellen sowohl wie das Lumen plötzlich grösser. Beobachtete ich jetzt die Drüse eine längere Zeit hindurch, so konnte ich stätig aufeinanderfolgende Verengerungen und Erweiterungen des Lumens constatiren. Ja ich konnte überdies sehen, dass jede ergie-bigere Verengerung von einer merklichen Volumsabnahme der Zellen ge-folgt war. Gelegentlich sah ich sogar das Lumen des Schlauches continuir-lich bis zum gänzlichen Unsichtbarwerden sich verengen und die Zellen dabei sich zu kleinen rundlichen Gebilden zusammenziehen. Leider gelangen Contractionen von dieser Intensität selten zur Beobachtung. Doch traten dieselben beinahe ausnahmslos ein, wenn ich in nachstehender Weise verfuhr.

Zu einer Drüse, welche ich zuvor durch eine 1 % Kochsalzlösung zur Erweiterung brachte, setzte ich eine 25 % Nicotinlösung zu. Kaum dass die Flüssigkeit eingedrungen war, verengte sich das Lumen und die Zellen wurden dicker, aber kleiner. Gleich darauf trat abermals eine Erweiterung des Drüsenschlauchs ein, welcher jedoch auf neuerlichen Zusatz der Nicotinlösung wieder eine Zusammenziehung folgte. Setzte ich die Irrigation mit der Nicotinlösung durch längere Zeit fort, so zog sich der Schlauch derart zusammen, dass ein Lumen nicht mehr gesehen werden konnte und die Drüse nur aus kleinen, rundlichen Zellen zu bestehen schien.

IV. Über die Structur der lebenden Drüsenzellen.

Aus den Beobachtungen Stricker's und Spina's ist schon hervorgegangen, dass die Zellen der Nickhautdrüsen, mit starken Immersionslinsen untersucht, ausser dem Kerne eine hellere Zwischensubstanz und dunklere, zu einem äusserst feinen Netzwerke angeordnete Fädchen erkennen lassen.

Eine analoge Structur findet sich auch bei den Drüsenzellen der Malpighi'schen Gefässe vor, nur sind hier Netzwerk und Zwischensubstanz in einer so grossen Deutlichkeit ausgeprägt, dass dadurch eine genauere Einsicht in die Veränderungen der inneren Structur während der Thätigkeit der Zellen ermöglicht wird.

Jede Zelle gibt — im Insectenblute untersucht — in ihrem Inneren ein grobes Balkenwerk zu erkennen, das aus einem mächtigen, oft im Centrum der Zelle gelegenen Knoten entspringt.

Das Netzwerk erscheint derart gefügt, dass seine Maschen, sich gegen die Peripherie der Zelle zu immer mehr und mehr erweitern, sich dann wieder verkleinern, bis sie an den Begrenzungsflächen der Zellen selbst nahezu unsichtbar werden. Kerne sind in den Zellen nicht zu erblicken.

Es ist leicht begreiflich, dass es bei der Feinheit der Maschen an der Oberfläche der Zellen den Anschein gewinnt, als wenn die Grenzflächen der Zellen aus einer compacten Substanz geformt wären, und zwar aus derselben Substanz, aus welcher das Netzwerk sich aufbaut. Es erscheint somit jede Zelle, im Flächenbilde besehen, wie von einem Rahmen eingefasst,

von dessen innerem Rande die Bälkchen gegen das Zellcentrum hin con-
vergiren und daselbst zu jenem erwähnten Knoten zusammenfliessen.

a) Veränderungen der Zellen bei der Contraction der Drüsen.

Sowie sich die Drüsen zu contrahiren anfangen, werden zwischen den
Zellen kleine Intercellularspalten sichtbar, welche mit dem Fortschreiten
der Contraction der Zellen immer breiter werden.

Die Balken des intracellulären Netzwerkes nehmen, indem sie sich
immer mehr verkürzen, an Dicke zu, die Maschen werden kleiner, bis sie
vollends unsichtbar werden. Die Zelle hat jetzt ein ganz anderes Aussehen
erlangt. Sie ist weniger durchsichtig und scheint bei stärkerer Vergrösserung (1000 linear) aus einer compacten Substanz zu bestehen.

Dabei erscheinen die Zellen auf ihrer äusseren Fläche von der Membrana propria und auf ihrer inneren Fläche von der Tunica intima bedeckt.
Beide Membranen erscheinen verdickt und liegen den Zellen auf das innigste an.

Diese Beobachtungen lassen wohl darüber keinen Zweifel zu, dass die
Contraction der Zellen mit einer Verkleinerung der intracellulären Maschen
einhergeht.

b) Veränderungen der Zellen bei der Erweiterung der Drüsen.

Wenn ich zu einem Malpighi'schen Gefässe eine 1% Kochsalzlösung,
welche ich mit Methylviolett leicht blau gefärbt hatte. zusetzte, so konnte
ich bei einer 1000fachen Vergrösserung in dem inneren Gefüge der Zellen
folgende Veränderungen wahrnehmen.

Im Momente der Einwirkung des Reagens verbreitern und verlängern
sich plötzlich die intracellulären Balken und engen dabei die Maschen ein.
Gleichzeitig mit der Verbreiterung werden in den Balken zahlreiche kleine
Punkte sichtbar, welche sich rasch zu einem ungemein zarten Maschen-
werke vergrössern. Diese Veränderung ergreift mit dem Fortschreiten der
Zellschwellung successive alle Bälkchen der Zelle, und das Endergebniss
hiervon ist eine Blaufärbung der Zellen und eine Verfeinerung der intracellulären Netze. so dass das Gefüge der Drüsenzellen jenem der
weissen Blutkörperchen sehr ähnlich wird. Während sich diese Vorgänge
abspielen, wird in dem centralen Knoten ein grosser rundlicher Kern
sichtbar.

Von diesem Zustande der grössten Erweiterung kann die Drüse in den ursprünglichen Zustand zurückkehren. In solchen Fällen konnte ich nun mit voller Bestimmtheit constatiren. dass sich die fein genetzten Drüsenzellen wieder in grob genetzte umgestalten.

Was nun den Vorgang der Expansion selbst anlangt. so müssen wir, mit Rücksicht auf die eben mitgetheilten Beobachtungen, folgender Betrachtung Raum geben.

Das, was sich in den Zellen activ bewegt, kann nur das intracelluläre Balkenwerk sein, von welchem oben ausgesagt wurde. dass es sich auf einen Reiz hin so umgestaltet, dass die Bälkchen dünner und länger und die Maschen zwischen ihnen zahlreicher werden. Die nächste Folge dieses Bewegungsvorganges ist eine Expansion der Zelle. und das Eindringen von Flüssigkeit in dieselbe. Wir haben auch in der That gesehen, dass Flüssigkeit in die Zellen einströmt, denn die Zellen färbten sich nach Zusatz der gefärbten Kochsalzlösung blau.

Meine Schilderung legt wohl die Vermuthung nahe. dass die von den Zellen angesaugte Flüssigkeit die Maschenräume des Zellleibes erfüllt. Diese Annahme gewinnt noch mehr an Berechtigung, wenn man mässig expandirte Drüsenzellen mit einem noch ziemlich dicken intracellulären Balkensystem bei 1500facher Vergrösserung untersucht. Man sieht dann in diesen Drüsen das Balkenwerk vollständig ungefärbt. und nur die Maschenräume erscheinen in blauer Farbe.

Diesem Befunde entsprechend bleibt nur übrig anzunehmen, dass bei der Dilatation der Zellen, die Flüssigkeit in die durch Expansion der Balken neugeschaffenen Räume hineingesaugt wird.

V. Über die Vorgänge, welche die Richtung des Secretions-stromes bestimmen.

Wenn ich einen Malpighi'schen Drüsenschlauch, der eben im Stadium der Contraction begriffen ist, mit einer 1500fachen Vergrösserung unter-suchte, so sah ich, wie schon erwähnt wurde, bei der Einstellung auf den optischen Längsschnitt der Drüse, dass mit dem Beginne der Contraction der Zellen plötzlich ganz zarte Intercellularspalten an der äusseren Grenze des Längsschnittes sichtbar wurden. Diese Spalten griffen, sowie die Contraction der Zellen Fortschritte gemacht hat, immer mehr in die Tiefe. Dabei nahmen die Spalten gleichzeitig an Breite zu. Endlich trat ein Zeitpunkt ein, in welchem die Spalten bis an die Tunica intima sich er-streckten, und sobald dieses geschehen war, schrumpfte auch jener Theil der Drüsenzellen ein, welcher unmittelbar der Tunica intima auflag.

Diese Erscheinung leitet zu der Annahme, dass sich die Zellen succes-sive von aussen nach innen contrahirt haben. Denn die Entwicklung von Spalten schritt von aussen nach innen vor, und da nur die Contraction der Zellen als die einzig mögliche Ursache der Spaltenbildung angesehen werden kann, muss auch die Zellcontraction in derselben Richtung fort-geschritten sein.

Ähnliche Bilder wird man gewahr, wenn die Contraction durch Zusatz von Nicotin herbeigeführt wird.

Untersucht man andrerseits contrahirte Drüsenschläuche in jenem Mo-ment, in welchem sie sich zu expandiren anfangen, dann wird man con-statiren können, dass die Spalten genau in derselben Ordnung verschwin-den, wie sie entstanden sind, das heisst, die Expansion der Drüsenzellen schreitet gleichfalls von aussen nach innen fort.

Dasselbe Phänomen gelangt auch an Drüsen nach Zusatz einer 1% Koch-salzlösung zur Beobachtung, aber bei Weitem nicht in jener Klarheit, wie bei Drüsen, die sich von freien Stücken dilatiren. Dagegen bietet diese Methode einen andern Vortheil. Wie schon erwähnt wurde, schwellen die Drüsen nach Zusatz der Kochsalzlösung mächtig an. Dabei tritt oft eine so auffällige Umgestaltung der Zellform in Erscheinung, dass der ganze Drüsen-schlauch nunmehr kaum zu erkennen ist. Es wandelt sich nämlich jede der plattenförmigen Zellen in eine Halbkugel um, welche mit ihrer Convexität nach aussen, mit ihrer planen Fläche aber gegen das Lumen der Drüse ge-kehrt ist.

Zieht sich nun ein solcher Drüsenschlauch zusammen, so kann man auch hier mit Sicherheit constatiren, dass die Contraction an den Zellkuppen ihren Anfang nimmt.

Analoge Verhältnisse habe ich noch an den Gallenschläuchen der Maden beobachtet. Die M a l p i g h i'schen Gefässe erwiesen sich aber bei all diesen Versuchen als das tauglichste Untersuchungsobject. Der Grund hiervon mag in der mächtigen Grösse ihrer Zellen und in dem Umstande gelegen sein, dass die Bewegungsvorgänge an diesen Drüsen zuweilen in einem so langsamen Tempo verlaufen, dass sie Schritt für Schritt studirt werden können.

Es geht aus den mitgetheilten Beobachtungen hervor, dass auch bei den secernirenden Apparaten, gleichwie bei den resorbirenden, die Bewegungsvorgänge nach einer gewissen Richtung hin ablaufen. Diese Richtung ist aber bei den Drüsenzellen eine andere, als bei den Resorptionszellen des Darmes.

Die Epithelzellen des Darmes führen ihre Expansion und Contraction von innen nach aussen aus und bedingen durch diese Bewegung einen in gleicher Richtung sich bewegenden Resorptionsstrom. Die Drüsenzellen hingegen führen ihre Bewegungen von aussen nach innen aus. Es wird der durch diese Bewegung bewerkstelligte Flüssigkeitsstrom auch dieselbe Richtung einhalten müssen. Und in der That bewegt sich, wie ich früher an den Drüsen von Maden gezeigt habe, der Secretionsstrom von aussen nach innen.

Der fundamentale Unterschied, der zwischen den Vorgängen der Absonderung und Aufsaugung besteht, hat demnach seinen Grund nur in der Richtung, in welcher die Zellen die Saug- und Druckbewegung ausführen. Ein M a l p i g h i'sches Gefäss müsste, wenn man es umstülpen könnte, wie der Darm resorbiren, und ein umgestülpter Darm wie eine Drüse secerniren.

Ob eine und dieselbe Zelle nicht unter Umständen resorbiren, unter Umständen secerniren kann, bleibt eine offene Frage. Unter krankhaften Verhältnissen wenigstens könnte dies immerhin eintreten.

Druck von Breitkopf & Härtel in Leipzig.